Knaur

Karin Iden

Süß macht schlank

- 2 bis 3 kg pro Woche abnehmen
- über 100 leckere Rezepte

www.knaur.de

Inhaltsverzeichnis

Genussvoll abnehmen – mit süßen Gerichten

Fast jeder dritte Deutsche möchte abnehmen. Bei Übergewicht ist das auf jeden Fall ein guter Entschluss – und das nicht nur aus optischen Gründen, sondern auch für eine bessere Gesundheit. Zu viele Pfunde steigern das Risiko u.a. für Bluthochdruck, Herz-Kreislauf-Erkrankungen, Diabetes mellitus (Zuckerkrankheit) und Gelenkbeschwerden.

Die meisten Diäten werden im Frühjahr begonnen, wenn der Rockbund kneift und der Blick in den Spiegel gnadenlos davon abrät, sich im Bikini zu zeigen. Da müssen unbedingt ein paar Pfunde weg. Doch Vorsicht ist geboten. Täglich werden wir mit Werbung überschüttet, die mit Tricks und »Mittelchen« das schnelle Abnehmen verspricht.

Warnung vor zu schnellem Erfolg

Vor Schlankheitsmitteln und Crash-Diäten kann aber nur eindringlich gewarnt werden. Schlankheitsmittel sollten Sie meiden! Die meisten bergen zu hohe gesundheitliche Risiken. Auch Crash-Diäten sind von zweifelhaftem Erfolg gekrönt: Sich drei Tage von hart gekochten Eiern oder ähnlich Einseitigem zu ernähren, kann eventuell kurzfristig einen Erfolg bringen. Der ist jedoch nicht von Dauer. In den ersten Tagen verliert der Körper ohnehin nur Wasser, das sich sofort wieder ansammelt, sobald die alten Ernährungsgewohnheiten wieder aufgenommen werden.

Auch wenn unser Diät-Titel »Süß macht schlank« ungewöhnlich erscheinen mag – einen Versuch ist es wert. Auf den Seiten 14–22 erfahren Sie, wie es sich mit der Süss-macht-schlank-Diät verhält. Die einzige Möglichkeit, tatsächlich schlank und rank zu werden, ist die Reduzierung der Kalorienzufuhr mit einem ausgewogenen Speiseplan, der alle Nährstoffe enthält, die der menschliche Organismus täglich benötigt. Gesund abnehmen heißt also die Devise, damit es nicht zu Mangelerscheinungen kommt. Wissen-

schaftlich ist erwiesen, dass jeder Mensch sein persönliches Wohlfühlgewicht hat. Geht man dagegen an, rächt sich der Körper – und die Seele leidet. »Gewaltkuren« können Depressionen und Mangelerscheinungen verursachen. Und danach nimmt man wieder zu. Das ist der bekannte Jo-Jo-Effekt. Damit es nicht zu diesem Auf und Ab kommt, sollten Sie gesund abnehmen: mit ausgewogenen Mahlzeiten, unterstützt durch viel Bewegung.
Auch für die äußere Schönheit tun Sie dabei viel: Gesunde Haare, glatte Haut, kräftige Nägel sind die Zeichen für eine ausgewogene Ernährung – auch während einer Diät.

Alles beginnt im Kopf

Hohlwangige Hungerkünstlerinnen sind out, seit man weiß, dass ein hart erkämpftes Minimalgewicht anfällig macht für Krankheiten, Nervosität, schlechte Laune, Heißhungerattacken und Leistungsabfall. Wer gesund abnehmen will, braucht allerdings einen festen Willen. Der Kopf gibt vor, der Körper ordnet sich unter. Wenn ein Ziel ganz fest im Kopf ist, wenn dieses Ziel verinnerlicht ist, dann ist die Chance groß, dieses Ziel auch wirklich zu erreichen. So ist es auch mit dem Abnehmen.
Und ganz wichtig, das Ziel muss realistisch sein! Also: Bevor Sie beginnen, gesund abnehmen zu wollen, sollten Sie sich vergewissern, ob Sie wirklich zu viel wiegen. Bevor Sie mit unserer Süß-macht-schlank-Diät beginnen, prüfen Sie daher bitte Ihr Gewicht und ermitteln Sie, wieviel Sie abnehmen sollten. Zwei Methoden, unter denen Sie wählen können, helfen Ihnen bei der Bestimmung: die Broca-Formel oder der Body-Mass-Index.

Die Broca-Formel

Nach der Broca-Formel ist die Berechnung zwar etwas pauschal aber besonders einfach. Von der Körpergröße in Zentimetern

wird die Zahl 100 abgezogen. Um zum idealen Gewicht zu kommen, zieht man bei Frauen von dieser Zahl noch einmal 15 Prozent und bei Männern 10 Prozent ab. Somit beträgt das ideale Gewicht für eine 170 Zentimeter große Frau 59,5 Kilogramm, für einen Mann bei gleicher Größe 63 Kilogramm.
Liegt Ihr Gewicht mehr als 20 bis 30 Prozent über Ihrem errechneten Normalgewicht, sind Sie übergewichtig – bei mehr als 15 bis 20 Prozent unter dem Normalgewicht sind Sie zu dünn und sollten auf gar keinen Fall abnehmen!
Erstrebenswert ist das sogenannte Wohlfühlgewicht. Dabei werden die Grenzen nicht so eng gesehen. Zur Ermittlung nimmt man das Normalgewicht, allerdings mit einer Schwankungsbreite von 10 Prozent nach unten und oben. Bei 170 Zentimeter Körpergröße liegt das individuelle Wohlfühlgewicht also zwischen 63 und 77 Kilogramm.

Beispiel:
Sie sind 170 Zentimeter groß, minus 100 ist gleich 70. Ihr Normal-Gewicht nach der Broca-Formel beträgt also 70 Kilogramm.

Der Body-Mass-Index

Die genauere Berechnungsart zur Ermittlung des Normalgewichts ist der Body-Mass-Index (BMI). Die Formel lautet: Körpergewicht (kg) dividiert durch das Quadrat der Körpergröße (m^2).
Dies ergibt in diesem Rechenbeispiel einen exakten BMI von 23,42. Liegt der Indexwert zwischen 19 und 24, sind Sie normalgewichtig. Bei Werten von 25 bis 29 haben Sie ein leichtes Übergewicht. Bei einem BMI ab 30 spricht man von schwerem Übergewicht – hier besteht auf jeden Fall Handlungsbedarf, am besten nach Rücksprache mit dem Hausarzt. Wenn Sie zwei bis drei Kilogramm über dem Normalgewicht liegen, ist das vom medizinischen Standpunkt her noch in Ordnung. Fühlen Sie sich damit nicht wohl, reduzieren Sie Ihr Gewicht, z. B. mit ein paar Diättagen.

Body-Mass-Index:

$$\text{BMI} = \frac{63}{1{,}64\text{ m} \times 1{,}64\text{ m} \quad (= 2{,}69)}$$

Das Ergebnis BMI = 23,4 liegt im Normal-Bereich, eine Diät ist nicht erforderlich.

Bewusster ernähren

Jeder Mensch muss essen und trinken, um lebenswichtige Organfunktionen aufrecht zu erhalten. Mit den Speisen nehmen wir verschiedene Substanzen auf, die

- dem Körper Energie liefern,
- als Baustoff dem Wachstum und der Erhaltung von Körpersubstanzen dienen,
- wichtige Abläufe in Energiehaushalt und Stoffwechsel regeln,
- unser Immunsystem unterstützen.

Wie viel Energie ist enthalten?
1 g Eiweiß und 1 g Kohlenhydrate liefern jeweils 4 kcal; 1 g Fett mehr als das Doppelte, nämlich 9 kcal. 1 g Alkohol liefert 7 kcal (30 kJ)

Energie

Die Energie zum Leben bekommen wir aus unserer Nahrung: Eiweiß, Fett und Kohlenhydrate werden im Organismus verbrannt. Dabei entsteht Wärme, die in Kalorien (kcal) bzw. Joule (kJ) gemessen wird. 1 Kilokalorie entspricht etwa 4,2 Kilojoule.

Eiweiß

Der Körper wird durch Eiweiß (Protein) mit den lebenswichtigen Aminosäuren versorgt; sie sind für den Aufbau der Zellen wichtig. Bei der Verbrennung im Stoffwechsel verbraucht Eiweiß mehr Kalorien, als es liefert. Essen wir Fisch, Fleisch und Wurst, bekommen wir mit dem Eiweiß einen beachtlichen Fett-Anteil, außerdem Purine und Cholesterin. Deshalb sollten Sie bei einer Diät besonders auf fettarme Produkte achten. Und nach Beendigung der Diät sollten Sie dabei bleiben.

Was das Eiweiß angeht, ist eine Mischung aus tierischem (Milch, Milcherzeugnisse, Eier, Käse, Fleisch, Fisch und Geflügel) und pflanzlichem Eiweiß (Getreideprodukte, Hülsenfrüchte, Kartoffeln, Pilze, Nüsse) daher empfehlenswert. Durch die Kombination einzelner Lebensmittel, z. B. Brot mit Käse oder Fisch, Pellkartoffeln mit Quark oder Eiern, lässt sich eine besonders hohe biologische Wertigkeit der Eiweißaufnahme erzielen.

Fett

Fett ist der Nährstoff, der dem Körper die meiste Energie liefert, nämlich mehr als doppelt soviel Kilokalorien wie Eiweiß oder Kohlenhydrate. Und das ist gut so: In Zeiten starker körperlicher Belastung steht so das Plus an Energie, das benötigt wird, sofort zur Verfügung. Das Fett allerdings, das nicht unmittelbar zur Energiegewinnung herangezogen wird, speichert der Organismus als Energiereserve für schlechte Zeiten. Eine sinnvolle Einrichtung der Natur, die für unser modernes bewegungsarmes Leben leider ein Problem darstellt. Denn die Energiereserve zeigt sich als Körperfett, das sich als Fettpölsterchen festsetzt. Die Folge ist Gewichtszunahme.

Stichwort Cholesterin
Cholesterin ist eine fettähnliche, lebensnotwendige Substanz, die der gesunde Körper in ausreichender Menge selbst produziert. Der Körper benötigt das Cholesterin zur Herstellung von Hormonen, Gallensäure und Vitamin D sowie zum Aufbau von Nervengewebe und Zellwänden. Hoher Fleisch- und Eierkonsum führen zu einer vermehrten Cholesterinaufnahme, die nicht immer wünschenswert ist.

Stark empfohlen: weniger Fett
Der tägliche Fettverbrauch liegt (lt. Ernährungsbericht 2000) pro Person in Deutschland im Durchschnitt bei 100 Gramm. Das ist viel zu viel! Mehr als 60 bis 80 Gramm sollten es nicht sein. Aber wie reduzieren? Empfehlung: Bei fetten Fleischsorten die Fettränder abschneiden oder gleich ein fettarmes Stücke aussuchen. Kalorienreduzierte Produkte (z. B. Du darfst) für belegte Brote sind hilfreich zur Fettreduzierung, und davon steht eine große, leckere Auswahl zur Verfügung. Sie sparen z. B. mit Halbfettbutter 18 Kalorien pro Brotscheibe, mit fettreduzierter Salami 45 Kalorien pro Brotscheibe und mit fettarmem Fleischsalat 45 Kalorien bei einer Portion von 50 Gramm.

Beim Nahrungsfett wird unterschieden zwischen gesättigten Fettsäuren (in allen tierischen Nahrungsmitteln wie Butter, Schmalz, Wurstwaren, Fleisch, Käse, Gebäck, aber auch in pflanzlichen Lebensmitteln wie Kokos- oder Palmkernfett) und ungesättigten Fettsäuren (in allen pflanzlichen Nahrungsmitteln und Ölen). Empfehlenswert: Geben Sie täglich 10 Gramm Fett mit ungesättigten Fettsäuren in Form von kalt gepressten Ölen an Salat oder Rohkost. Denn ganz ohne Fett kann der Körper die fettlöslichen Vitamine nicht erschließen. Tierische Fette dagegen sollten Sie in Ihrem Speiseplan weitestgehend einschränken.

Kohlenhydrate

Die wichtigste Energiequelle für Muskeln, Nerven- und Gehirnzellen sind die Kohlenhydrate. Sie sind in allen zucker- und stärkehaltigen Nahrungsmitteln enthalten. Kohlenhydrate sollten bevorzugt zur Energiegewinnung herangezogen werden. Deshalb sind am geeignetsten für den Verzehr: Brot, Nudeln, Kartoffeln und Reis. Außerdem Gemüse und Obst – sie haben wenig Kalorien. Nach der Devise: 5-mal am Tag Obst und Gemüse! Diese Empfehlung der Deutschen Gesellschaft für Ernährung (DGE) heißt nicht nur Grünzeug wie die Hasen mümmeln. Ein Apfel, eine Birne, eine Portion beliebiges Gemüse (Möhren, Kohlrabi, Brokkoli) sowie ein grüner Salat erfüllen den grünen Bereich. Das alles verweilt länger im Körper und enthält wichtige Ballaststoffe.

Vitamine und Mineralstoffe

Diese Nährstoffe sind vor allem Wirkstoffe. Sie liefern zwar keine Energie, sind aber lebensnotwendig, da sie maßgeblich am Ablauf der Körperfunktionen und am Aufbau von Zellen und Geweben beteilig sind. Vitamine und Mineralstoffe schützen vor Infektionen, sind Schönheitsmittel für Haut, Haare, Nägel und helfen beim Abbau von Fetten. Sie sind in Obst, Gemüse und Getreideprodukten enthalten. Sie müssen in ausreichenden Mengen mit der Nahrung zugeführt werden. Ein Mangel kann gesundheitliche Störungen verursachen.

Flüssigkeit

Der menschliche Körper besteht zu 60 Prozent aus Wasser. Das Wasser übernimmt im Organismus verschiedene Funktionen:

- Wasser ist Bestandteil und Baustein der Zellen;
- es löst Nährstoffe aus der Nahrung und transportiert sie mit dem Blut in alle Organe und Zellen;
- es scheidet Abbauprodukte des Stoffwechsels über die Niere aus;
- Wasser hilft bei der Regulierung des Wärmehaushalts;
- Wasser sorgt für das Quellen und Fortbewegen des Speisebreis im Darm.

Eine ausreichende tägliche Flüssigkeitsaufnahme ist für jeden wichtig – ganz besonders aber während einer Diät. Mindestens 1,5 bis 2 Liter Flüssigkeit pro Tag trinken ist wichtig für die kör-

Ballaststoffe sind kein Ballast
Ballaststoffe bestehen aus den unverdaulichen Bestandteilen pflanzlicher Lebensmittel, wie Faserstoffen, Gerüstsubstanzen, Schalen oder Zellwänden. Ballaststoffe regen die Kautätigkeit an, machen für längere Zeit angenehm satt und helfen dem Darm bei seiner wichtigen Arbeit. Und das Beste:

perliche und seelische Leistungsfähigkeit – übrigens auch wenn Sie keine Diät machen! Achten Sie darauf, dass Sie mit den Getränken keine zusätzlichen Kalorien zuführen. Meiden Sie süße Cola- und Brause-Getränke. Besonders geeignete Getränke: Mineralwasser (möglichst natriumarm und magnesiumreich) oder Frucht- und Kräuterteesorten, salzfreie Fleisch- und Gemüsebrühen, Kaffee in Maßen, mit wenig oder ganz ohne Milch und in diesem Fall nicht unbedingt mit Zuckerzusatz, außerdem: Kur-Molke, Natursäfte und kalorienarme Erfrischungsgetränke. Bei den Fruchtsäften denken Sie bitte daran, dass sie Kalorien enthalten und daher nicht literweise zur Deckung des Flüssigkeitsbedarfs getrunken werden sollen.

Mit Freude essen und genießen

Eine erwachsene Frau (zwischen 19 und 25 Jahren) mit vorwiegend sitzender Beschäftigung braucht nicht mehr als 2400 Kalorien pro Tag, ein Mann gleichen Alters 3000 Kalorien.

Wer pro Tag weniger Kalorien als benötigt zu sich nimmt, wird ganz bestimmt abnehmen. Wichtig dabei: Essen Sie nur Nahrungsmittel, die Sie auch mögen, lassen Sie keine Mahlzeiten aus. Essen Sie weniger, dafür aber langsamer und kauen Sie gründlicher. Die Nahrung kommt aufgeschlossener im Magen an und Sie sind schneller satt. Freuen Sie sich auf die nächste Mahlzeit und haben Sie auch Spaß beim Kochen.

Mit dem Essen sollen nicht nur Energie- und Nährstoffe zugeführt werden. Beim Essen soll sich der Körper entspannen. Wer das Essen zur Genusssache macht, sich am Essen und am Geschmack erfreut, also bewusst genießt, versteht richtig zu essen. Beim Genießen können dann auch alle Sinne, Augen, Nase, Gaumen, Ohren und Tastsinn angesprochen werden. Und noch mehr: Genussvolles, nicht gehetztes Essen fördert auch das Sättigungsgefühl. Denn dieses tritt erst nach 15 bis 20 Minuten ein, egal wie viel man vorher schon gegessen hat. Auch wenn jetzt weniger auf dem Teller ist, eine Diät ist nichts für Schnellesser ...

Täglich ein wenig Bewegung

Ganz wichtig: Begleiten Sie Ihre Diät mit Bewegung und Sport; pro Tag eine halbe bis eine Stunde Zu-Fuß-Gehen; zwei- bis dreimal in der Woche eine halbe Stunde Ausdauersport, wie Laufen, Schwimmen, Radfahren wäre super toll. Natürlich sind kürzere Anstrengungen auch willkommen: Treppensteigen statt Fahrstuhlfahren, Radfahren statt Autofahren. Je mehr Sie sich bewegen, um so mehr Kalorien werden verbrannt.

Neuer Lebensstil

Für eine dauerhaft gute Figur ist es allerdings wichtig, die Ernährungsweise auch langfristig umzustellen. Nach Beendigung der Diät sollten für Sie in Zukunft folgende Grundsätze gelten:

- Vielseitig essen;
- mehr Getreideprodukte, Gemüse, Obst, Salate, fettarme Milchprodukte und Fisch;
- weniger Fleisch und Wurst – und die auch fettarm – und weniger tierische Fette und Eier;
- Alkohol und Salz nur in Maßen;
- reichlich Flüssigkeit trinken;
- Mahlzeiten nährstoffschonend und schmackhaft zubereiten.

Trinken beim Trimmen

Bei mittlerer Sport-Intensität verliert der Körper etwa einen Liter Schweiß pro Stunde. Trinken schützt vor einem Leistungsknick: Eine halbe Stunde vor dem Sport ein Glas (0,2 l) und während des Sports kleine Schlucke Mineralwasser trinken, so wird der Verlust ausgeglichen.

Unkompliziert: Süß-macht-schlank-Diät

Das kann doch nicht sein, werden Sie denken. Eine Diät bei der Süßes erlaubt ist! Ja, so ist es! Und wenn Sie zu den »Süßschnäbeln« gehören, können Sie sich freuen. Mit der Süß-macht-schlank-Diät können Sie gut essen und viele süße Speisen genießen und dennoch dabei abnehmen. Eigentlich sollte diese Zusammenstellung von wundervollen Gerichte gar nicht als Diät betitelt werden. Bei den hier für Sie zusammengestellten Gerichten werden Lebensmittel verwendet, die sonst in einer Diät nicht verwendet werden. Aber, wenn Sie sich an die vorgeschriebenen Portionsmengen halten, werden Sie abnehmen. Lassen Sie sich überzeugen!

Süßes fürs Haar

Auch Ihren Haaren schadet Süßes nicht: 150 g Speisequark (20 % Fett), 1 TL Honig, ½ gewürfelte Mango, 1 TL gehackte Sonnenblumenkernen und 1 TL Hefeflocken verrühren und in einem Glas anrichten. Mit diesem Dessert von 280 kcal bekommt Ihr Haar wertvolles Eiweiß, Kalzium, Biotin, Vitamin A sowie B-Vitamine, die vor Haarausfall schützen.

Schnelle und langsame Energielieferanten

Eine der wichtigsten Energiequellen für Muskeln, Nerven- und Gehirnzellen sind Kohlenhydrate. Sie sind enthalten in zucker- und stärkehaltigen Nahrungsmitteln. Zuckerhaltige Lebensmittel haben die Eigenschaft, sich schnell in Energie umzuwandeln; wenn von diesen Kohlenhydraten zu viele aufgenommen werden, können sich unerwünschte Pölsterchen ansammeln. Diese Diät enthält jedoch auch reichlich stärke- und ballaststoffhaltige Kohlenhydrate. Somit ist ein Ausgleich zwischen zuckerhaltigen und stärke- und ballaststoffreichen Kohlenhydraten geschaffen. Natürliche Süße und aparten Touch bekommen Fleisch-, Geflügel- und Fischgerichte durch Hinzufügen von Obst. Wenn Sie unsere Einteilung anschauen, werden Sie feststellen, dass Sie mit den angebotenen Gerichten wie mit einem Puzzle spielen können.

Süßes macht fröhlich

Wie heißt es immer: Schokolade und Zucker machen dick? Das darf ich nicht essen, sonst werde ich zu fett. Keine unbekannten Sätze. Wie oft haben Sie schon auf süße Gerichte verzichtet? Und

vielleicht war das auch ein Grund, warum sich nach dem Diätfrust der Süßhunger so extrem gemeldet hat, dass sich das eine oder andere Pölsterchen auf den Hüften angesammelt hat ...
Außerdem haben wissenschaftliche Untersuchungen ergeben, dass Menschen, die fast ganz auf Zucker verzichteten, automatisch mehr Fett verwendet haben. Das wirkt sich nicht gerade günstig auf das Körpergewicht aus. Kaum zu glauben aber wahr: Eine gewisse Menge Zucker in der Nahrung hilft Fett sparen. Zucker süßt nicht nur, und gibt Speisen einen für den Gaumen angenehmen Geschmack, Zucker macht auch leistungsfähig, beeinflusst die Befindlichkeit und – macht fröhlich.

So bleiben Nährstoffe erhalten

- Gemüse und Obst an einem kühlen, dunklen Ort aufbewahren – jedoch nicht zu lange.
- Gemüse nur kurz abbrausen; nicht im Wasser liegen lassen.
- Speisen möglichst kurz, in wenig Wasser oder Fett, in Töpfen mit gut schließenden Deckeln garen.
- Gemüse nicht zu lange warm halten.
- Frische Kräuter erst kurz vor dem Anrichten über Salat, Gemüse, Kartoffeln, Suppen streuen.

»Food and mood«

Amerikanische Wissenschaftler fanden den Zusammenhang zwischen »food and mood« heraus, z. B. dass bei kohlenhydratreicher Kost die Stimmungslage des Menschen erheblich verbessert ist im Vergleich zu eiweißbetonter Ernährung. Die verschiedenen Stimmungslagen hängen, so die Wissenschaftler, von biochemischen Prozessen im Gehirn ab, die durch den Stoffwechsel beeinflusst werden. Verantwortlich für die gute Laune ist ein Stoff im

Gehirn namens Serotonin. Dabei geschieht folgendes: Das Gehirn bildet den Stimmungsmacher Serotonin normalerweise selbst. Dazu sind verschiedene Stoffe, inbesondere die Aminosäure Tryptophan, notwendig. Tryptophan ist ein Eiweißbaustein, den wir vorwiegend mit magerem Fleisch, Joghurt, Fisch und Eiern zu uns nehmen. Wie viel Tryptophan seinen Weg ins Gehirn findet, hängt nun wiederum ganz davon ab, was wir sonst noch zu uns nehmen. Je mehr komplexe Kohlenhydrate, z. B. als Obst, Gemüse, Kuchen, Eis, Schokolade, Nudeln, wir gleichzeitig mit dem Tryptophan zu uns nehmen, um so mehr von diesem Stoff kann auch ins Gehirn gelangen.

Der Zusammenhang ist relativ einfach. Natürlich haben auch andere Eiweißbausteine außer Trytophan das Bestreben, ins Gehirn zu gelangen. So herrscht also eine gewisse Konkurrenz. Um Kohlenhydrate abzubauen, schüttet die Bauchspeicheldrüse Insulin aus. Insulin hält die anderen Eiweißbausteine zurück, und somit steht Tryptophan zur Verfügung, um Serotonin zu bilden. Und das reichlich – für mehr gute Laune ...

Lebensmittel gegen Stimmungstiefs

Kohlenhydrate zusammen mit tryptophanhaltigen Lebensmitteln zu essen ist also eine gute Möglichkeit, Stimmungstiefs zu Leibe zu rücken. Ein ideales Lebensmittel in diesem Zusammenhang sind u. a. die süßen Mahlzeiten unserer Diät. Die Behauptung »süß macht glücklich«, ist längst wissenschaftlich bewiesen.

Die Menge macht's

Zucker ist heute ein alltägliches Lebensmittel. Das war nicht immer so. Die kostbare Süße wurde in früheren Zeiten teuer bezahlt, sparsam eingesetzt und hoch geschätzt. Bei dieser Vergangenheit ist es kein Wunder, dass alles, was uns lieb und wert ist, oftmals unter dem Begriff »süß« zusammengefasst wird. Alle positiv anmutenden Eigenschaften, Gegenstände und Gefühle haben diesen »sweet touch«, und nicht nur in unserem Sprachraum. Das »dolce vita« des Italieners, das »sweetheart« des Amerikaners oder das »ist das süß« des Deutschen zeigen auf, welch starke Bindung der Mensch zum Süßen hat. Ohne Zucker ist ein süßes Gericht nicht denkbar. Ja, eine Prise Zucker rundet auch pikante Gerichte geschmacklich ab. Und mit dieser Prise Zucker hat es seine Bewandnis: Zucker wirkt aktivierend, d.h., Zucker wird nicht nur sofort in Energie umgewandelt, sondern fördert auch den Fettabbau – so wird ein Hauptgericht von einem darauf folgenden Dessert verdaulicher gemacht. Eine Erkenntnis, die die Menschheit offenbar schon längst hatte – man sieht's an der Speisenfolge. Bei größeren Menüs wird zwischendurch ein Sorbet gereicht. Ob aber bei »normalen« Gerichten oder bei dieser Diät, die süßen Kohlenhydrate werden niemals esslöffelweise verwendet. Wie bei allem, gilt auch hier: Die Menge macht's.

Vitamin-Killer
Rauchen: Um mit den Radikalen einer Zigarette fertig zu werden, verbraucht der Körper etwa 25 mg Vitamin C.
Alkohol: Er bremst die Auswertung des Vitamin C aus der Nahrung.
Smog: Nach 2 Stunden Aufenthalt an einer belebten Straßenkreuzung sinkt der Vitamin-Spiegel im Blut erheblich.

Für Fans alles Süßen

Alle Gerichte bzw. Rezepte in dieser Diät sind leicht nachvollziehbar und abwechslungsreich – von einfach bis attraktiv. Die Lebensmittel sind vielfältig, nicht einseitig und überall erhältlich und preiswert. Convenience – das Dienstmädchen in der Packung – bedeutet Bequemlichkeit. Gemeint sind vorgefertigte Lebensmittel, die küchen-, gar- oder zubereitungsfertig, am besten verzehr- und verbrauchsfertig sind, und so können unsere Rezepte fast alle in etwa 20 Minuten zubereitet werden.

Portionsweise einfrieren

Das eine oder andere Gericht ist für 2 oder auch für 4 Portionen angegeben. Entweder Sie laden sich Besuch ein oder Sie teilen die Portion, bewahren sie bis zum nächsten Tag im Kühlschrank auf oder frieren die Portionen getrennt ein. Zum Auftauen dann mit Kräutern oder anderen dazu passenden kalorienarmen Lebensmitteln wieder aufpeppen.

TK und Fertigprodukte für die schnelle Küche

Gerade bei der Zubereitung kleiner Portionen können Tiefkühlprodukte und andere Halbfertigprodukte, wie Kartoffelpüree, Kartoffelpuffer, Grießbrei, Milchreis, Kaiserschmarrn und natürlich Vanille-Pudding (Flammeri), eine große Arbeitserleichterung sein.

Ideale Küchenhelfer für kleine Portionen sind auch Zwiebeln, Knoblauch und die unterschiedlichen Kräuter aus dem Tiefkühlfach. Sogar Gemüse und Obst dürfen aus der Kälte kommen, wenn sie nicht gerade Saison haben oder im eigenen Garten wachsen.

Auch Instant-Produkte, wie Brühen und Bouillons sind aus der modernen schnellen Küche nicht mehr wegzudenken.

Für jeden ist etwas dabei

Mittlerweile hat es sich herumgesprochen, dass nicht nur Erwachsene, sondern auch Kinder und Jugendliche an Übergewicht leiden. Das ist besorgniserregend, denn jedes dritte Kind und jeder fünfte Jugendliche hat massives Übergewicht. Wenn Kinder und Jugendliche zu dick werden, helfen Veränderungen der täglichen Ess- und Freizeitgewohnheiten am besten.

Auch für Kinder gut geeignet

Das Essverhalten bei Kindern und Jugendlichen ist anders als bei Erwachsenen. Vielleicht führt ein gemeinsamer Weg dazu, dass unsere Süß-macht-schlank-Diät für die ganze Familie einen idealen Speiseplan darstellt. Jedoch darf nicht vergessen werden, dass Kinder einen anderen Kalorienbedarf haben als Erwachsene. So brauchen Mädchen zwischen 13 bis 15 Jahren 2200 Kalo-

rien, Jungen im gleichen Alter dagegen 2700 Kalorien. Ob ein Kind abnehmen sollte, muss unbedingt mit einem Arzt besprochen werden. Keinesfalls ohne fachmännischen Rat mit einer Diät herumexperimentieren!
Gesunde Kinder brauchen keine Diät, sondern nur eine richtige Ernährung. Da Kinder gerne Süßes essen, können Sie unsere Rezepte für die ganze Familie auf den Tisch bringen. Die Portionen brauchen Sie nur zu verdoppeln oder zu verdreifachen. Suchen Sie gemeinsam mit Ihren Kindern die Gerichte heraus, die sie besonders gern mögen. Gehen Sie gemeinsam einkaufen und kochen Sie am besten auch gemeinsam. So entwickelt sich schon bei den Kindern Ernährungskompetenz – und Spaß macht es obendrein auch noch ...

Tipp
Wenn der Hunger allzu groß wird, ist die einfachste Lösung, einen Apfel essen, der hat zwischen 80 und 100 Kalorien, ist süß und saftig und enthält eine ganze Hausapotheke. Sie wissen doch: »An apple a day keeps the doctor away ...«

Einige Kostproben

Die Süß-macht-schlank-Diät enthält Kohlenhydrate aus Süßem, wie zum Frühstück kalorienreduzierte Konfitüre oder Honig auf dem Brötchen, Müslis mit Früchten, als Zwischenmahlzeit Datteln mit Frischkäse, Melone mit Parmaschinken, Mokka-Quark oder Kiwi-Kaltschale. Aber es gibt auch kernige Frühstücksgerichte, wie Vollkornbrot mit Käse oder Leberwurst oder Tatar; bei den Hauptgerichten werden Fleisch, Geflügel oder Fisch mit Obst kombiniert. Da wäre das Putenschnitzel mit Aprikosensauce, die Entenbrust mit Mango oder der Orangen-Schellfisch auf roten Zwiebeln. Als Alternative zu den Hauptgerichten können Sie sich auch von den süßen Gerichten eins auswählen; hier finden Sie den beliebten Grießflammeri mit Beerensauce, Crêpes mit Früchten, Schokoladenreis mit Aprikosen, Zwetschgenknödel aber auch eine Mousse au chocolat oder Waffeln. Dazu kommen viele kleine Mahlzeiten, kalt und warm, süß oder herzhaft, wie Wraps, Crostini, Salate, Bagels, kalte und warme Suppen, süße

Obstsalate und erfrischend fruchtige Drinks. Aus all diesen Angeboten können Sie sich bedienen und sie als Zwischengerichte zu sich nehmen ...

So geht´s mit den Kalorien

Pro Tag gibt es 1000 Kilokalorien, verteilt auf fünf Mahlzeiten:

- Frühstück (200 Kalorien) oder ein Müsli (200 Kalorien)
- Imbiss für zwischendurch (100 Kalorien)
- Hauptgerichte mit 400 Kalorien
- Kleine Gerichte (200 oder 300 Kalorien) kalt und warm für den Abend oder fürs Büro

Es gibt ein vielfältiges Angebot: z. B. Sandwiches, Wraps, Salate, Bagel oder Gemüsesuppe, überbackenem Gemüse, Meeresfrüchte-Spieß usw. Verwenden Sie ein kleines Gericht mit 200 oder 300 Kilokalorien, lassen Sie die Imbisse mit je 100 Kalorien weg. Die süßen Gerichte und Desserts (100, 200, 300, 400 kcal) können Sie ebenso beliebig in Ihren 1000-Kalorien-Tagesplan einfügen.

Die Diät ist so variabel, dass alles nach Geschmack zusammengestellt werden kann – je nachdem, ob Sie außerhalb oder zu Hause arbeiten. Allerdings sollten Sie darauf achten, aus allen Kategorien etwas zu essen

Viele Vorteile: Die Süß-macht-schlank-Diät

Diese Diät ist kreativ, denn sie beinhaltet Rezepte, mit denen Sie sich selbst einen Speiseplan zusammenstellen können, der ganz nach Ihrem Geschmack attraktiv wird. Sie haben es selbst in der Hand, mit kohlenhydrat- und ballaststoffreichen, fettkontrollierten Gerichten Ihr eigenes Ernährungskonzept zu gestalten. Die Diät hat folgende Vorteile:

- Sie ist problemlos durchführbar;
- kann als Langzeiternährung gelten;
- auf den süßen Geschmack muss nicht verzichtet werden;
- ist für Berufstätige und Schüler gleichermaßen praktikabel.

Die Diät ist variabel

Alle Gerichte können ganz nach Wunsch zusammengestellt werden – je nachdem, ob Sie ins Büro gehen oder zu Hause arbeiten. Zum Frühstück gibt es wahlweise Müsli oder belegte Brötchen, Brote oder Knäckebrot. Jeden Tag anders zusammengestellt – für jeden Geschmack ist etwas dabei.
Möchten Sie die Hauptmahlzeit am Abend essen, dann bedienen Sie sich mittags z. B. aus dem Kapitel Kleine Gerichte und essen die Rucola-Cremesuppe oder den Farmers Wrap (jeweils 200 kcal).

Alternative 1:
Am Morgen frühstücken (200 kcal), vormittags und nachmittags je eine Mahlzeit aus dem Kapitel Zwischenmahlzeiten oder aus dem Kapitel Süße Gerichte und Desserts (100 kcal), mittags das Hauptgericht (400 kcal) und abends ein Gericht aus dem Kapitel Kleine Gerichte (200 kcal).

Alternative 2:
Am Morgen frühstücken (200 kcal), vormittags und nachmittags je ein Gericht aus dem Kapitel Zwischenmahlzeiten (100 kcal), mittags ein Kleines Gericht (300 kcal). Und abends 1 Gericht aus dem Kapitel Süße Gerichte und Desserts (300 kcal).

Alternative 3:
Am Morgen frühstücken (200 kcal.), vormittags und nachmittags je ein Gericht aus dem Kapitel Zwischenmahlzeiten (100 kcal), mittags ein Hauptgericht (400 kcal) und abends ein Gericht aus dem Kapitel Kleine Gerichte (200 kcal).

Alternative 4:
Am Morgen frühstücken (200 kcal), vormittags und nachmittags je ein Gericht aus dem Kapitel Zwischenmahlzeiten (200 kcal)

oder Süße Gerichte und Desserts (100 kcal), mittags ein Gericht aus dem Kapitel Kleine Gerichte (300 kcal).

Pro Tag gibt es 1000 Kalorien

Wenn Ihnen diese Menge nicht ausreicht, können Sie die 1000-Kalorien-Diät jederzeit um 200 Kalorien erhöhen, beispielsweise durch eine Zwischenmahlzeit mit 2 x 100 Kalorien aus den Kapiteln Kleine Gerichte oder Süße Gerichte und Desserts.

Tipps zur Süß-macht-schlank-Diät

- Bereiten Sie Ihren Körper auf die Diät vor. Am Vorabend 2 Esslöffel Glaubersalz (Apotheke) in ½ Liter lauwarmem Wasser auflösen, in kleinen Schlucken trinken. Das räumt den Körper auf, entschlackt und hilft, sich auf Veränderung umzustellen. Es empfiehlt sich, die Diät an einem Wochenende zu beginnen.
- Auch wenn Sie es nicht gewöhnt sind zu frühstücken, ab jetzt sollten Sie es tun. Der Magen muss beschäftigt sein, sonst werden Sie beim kleinsten Hungergefühl schwach.
- Trinken Sie viel Flüssigkeit, mindestens 1,5 – 2 Liter pro Tag, Am besten Mineralwasser, stilles oder sprudelndes – ganz wie Sie es mögen. Es schwemmt Schlacken und Giftstoffe aus dem Körper und sorgt so für Wohlbefinden. Wenn Sie regelmäßig, jede Stunde ein Glas Flüssigkeit trinken, kommen Sie ohne viel nachzudenken auf die gewünschte Trinkmenge.
- Bewegung als Ergänzung zu dieser Diät ist wichtig; gehen Sie möglichst täglich schnellen Schrittes eine halbe Stunde spazieren oder fahren Sie Fahrrad.
- Achten Sie auf Ihre Salzzufuhr. Denn Salz bindet Wasser im Körper. Wenig Salz wirkt sich günstig aus. Probieren Sie bei dieser Diät weniger Salz zu verwenden. Würzen Sie lieber mit Ihren Lieblings-Kräutern.

Wegzehrung

Gehen Sie nie ohne Frühstück aus dem Haus, packen Sie zumindest das Frühstück ein, um es im Büro zu essen. Wenn Sie erst später im Büro frühstücken, wird der Zeitabstand zur nächsten Mahlzeit sonst zu gering.

- Zweimal wöchentlich ein Kräuterbad (Reformhaus- oder Apotheke) trägt zum Wohlfühlen bei, ebenso eine Massage, ein Sauna- oder Friseur-Besuch.

Wie Sie die Diät genießen und das Verlangen überlisten

- Bewusstes Essen hilft, richtig zu essen. Auch das Auge isst mit. Lassen Sie sich Zeit beim Essen. Das macht Spaß, regt an, vielseitig zuzugreifen und fördert das Sättigungsempfinden.
- Essen Sie von einem kleinen Teller. So sehen Ihre Portionen nicht zu mickrig aus. Das Auge meldet an den Magen: hier gibt es reichlich. Diese Botschaft steuert auch den Appetit.
- Setzen Sie sich an einen hübsch gedeckten Tisch. Das verhindert, dass Sie schnell und im Stehen essen.
- Im Büro sollten Sie den Computer abschalten und am besten einen anderen Platz zum Essen aufsuchen.
- Lassen Sie möglichst keine Mahlzeit aus. Fünf kleine Mahlzeiten sind besser als drei größere.
- Konzentrieren Sie sich auf das Essen. Kauen Sie langsam, jeden Bissen 15-mal. Der Speichel nimmt dem Magen Verdauungsarbeit ab.
- Machen Sie sich eine Einkaufsliste und gehen Sie nie hungrig einkaufen. Satt können Sie Verlockungen besser widerstehen. Ansonsten beginnt der Magen zu knurren und Sie verfallen Lebensmittel-Produkten, die nicht in Ihren Speiseplan passen.

Und nun geht´s los

Wir freuen uns mit Ihnen, dass Sie den Entschluss gefasst haben, etwas für Ihr Wohlbefinden zu tun. Nach so vielen guten Ratschlägen wünschen wir Ihnen viel Erfolg!

- Essen Sie täglich mit Genuss!
- Geraten Sie mindestens einmal am Tag außer Atem!
- Und nehmen Sie´s leicht, gönnen Sie sich öfter ein herzhaftes Lachen!

Start in den süßen Tag

Belegte Brote, Brötchen und Knäcke

Honey-Nut-Hörnchen

Für 1 Portion

1 Milchhörnchen
½ Banane (40 g)
30 g Frischkäse (z. B. Philadelphia Doppelrahm)
1 TL Honig (10 g)
½ TL Mandelblättchen, geröstet

- Hörnchen waagegerecht aufschneiden. Banane längs halbieren und in dünne Scheiben schneiden.
- Jede Hälfte mit Frischkäse bestreichen, mit Bananenscheiben belegen; mit Honig beträufeln, mit Mandelblättchen bestreuen.

Roggenbrot mit Quark und Sanddorn

Für 1 Portion

100 g Speisequark (10 % Fett)
1 EL Mineralwasser
1 Scheibe Roggenbrot (45 g)
1 TL Sanddornaufstrich (20 g)

- Speisequark und Mineralwasser verrühren. Brotscheibe mit dem Quark bestreichen; Sanddornaufstrich darüber verteilen.

Tipp
Den Sanddornaufstrich können Sie auch durch Ahornsirup ersetzen.

Brötchen mit Nuss-Nougat und Konfitüre

Für 1 Portion

1 Mehrkornbrötchen (45 g)
1 EL (30 g) Frischkäse (15 % Fett)
1 TL Nuss-Nougat (10 g)
1 TL kalorienreduzierte Kirsch- oder Aprikosenkonfitüre (10 g)

- Mehrkornbrötchen halbieren, mit Frischkäse bestreichen. Eine Hälfte mit Nuss-Nougat, die zweite mit Konfitüre bestreichen.

Süßes Brötchen mit Obstsalat (Foto)

Für 1 Portion

1 Brötchen
2 TL (10 g) Brotaufstrich mit Joghurt (24 % Fett)
1 TL (10 g) Fruchtaufstrich Tropische Früchte
1 TL (10 g) Fruchtaufstrich Kirsche (z. B. von Du darfst)
½ kleine Kiwi, ½ Pfirsich
5 kleine Erdbeeren, 5 Himbeeren

- Brötchen waagerecht halbieren, die Brötchenhälften mit Brotaufstrich bestreichen.
- Auf je eine Brötchenhälfte Fruchtaufstrich Tropische Früchte und Fruchtaufstrich Kirsche verteilen.
- Für den Obstsalat Kiwi und Pfirsich grob würfeln; Erd- und Himbeeren abtupfen. Erdbeeren halbieren. Das Obst mischen und dazu anrichten.

Graubrot nach ländlicher Art

Für 1 Portion

1 Scheibe Graubrot (50 g)
30 g kalorienreduzierte Apfel-Zwiebel-Leberwurst
½ kleiner Apfel (60 g)
½ TL Röstzwiebeln (2 g)

- Brotscheibe mit Apfel-Zwiebel-Leberwurst bestreichen. Das Kerngehäuse vom Apfel entfernen, die Hälfte in dünne Spalten schneiden und auf der Wurst schuppenartig anordnen.
- Mit Röstzwiebeln bestreuen.

Kerniges Käsebrot

Für 1 Portion

1 Scheibe Roggenvollkornbrot (45 g)
2 TL Halbfettbutter
1 Scheibe kalorienreduzierter Gouda
1 kleiner Apfel
2 Stiele Brunnenkresse
½ TL Kürbiskerne

- Brotscheibe mit Halbfettbutter bestreichen. Käsescheiben halbieren und darauf legen.
- Apfel vierteln, entkernen, in dünne Spalten schneiden und auf das Käsebrot legen.
- Mit Kresse und Kürbiskernen garnieren.

Tipp
Sie können die Apfelspalten auch separat zum Käsebrot essen.

Tipp
Diesen Frischkäse gibt es in den Geschmacksrichtungen Natur und mit Kräutern. Er hat nur 5 Prozent Fett und ist damit besonders für eine fettarme Ernährung geeignet.

Knäckebrot »Morgenfrische«

Für 1 Portion

60 g leichter Frischkäse
(z. B. Philadelphia so leicht)
1 TL Orangensaft
Salz
frisch gemahlener weißer Pfeffer
½ kleine Frühlingszwiebel (10 g)
100 g kleine Möhre
1 Scheibe Vollkornbrot

- Frischkäse und Orangensaft verrühren und mit wenig Salz und Pfeffer würzen.
- Frühlingszwiebel in feine Ringe schneiden, Möhre grob raspeln. Die Hälfte der Gemüsestücke unterheben.
- Frischkäsemasse auf die Vollkornbrotscheibe streichen, mit restlichem Gemüse garnieren.

Tatarbrot mit Kapern

Für 1 Portion

1 kleine Scheibe Schwarz- oder Graubrot
1 gestr. TL Halbfettbutter (5 g)
1 Salatblatt
50 g Tatar
½ kleine Kirschtomate
1 TL TK-Zwiebeln, gewürfelt
½ TL Kapern
etwas Schnittlauch

- Brotscheibe mit Halbfettbutter bestreichen und mit einem Salatblatt belegen.
- Tatar darauf verteilen; mit Tomatenscheiben und Zwiebeln belegen. Kapern und Schnittlauch darüber geben.

Fruchtiges Kiwi-Croissant

Für 1 Portion

1 Croissant (45 g)
15 g Frischkäse mit Joghurt
2 EL kalorienreduzierte Aprikosenkonfitüre
1 kleine Kiwi

- Croissant waagerecht aufschneiden. Beide Hälften mit Frischkäse bestreichen, Aprikosenkonfitüre darüber verteilen und mit Kiwischeiben belegen.

Kräuter-Knäcke

Für 1 Portion

2 Scheiben Knäckebrot (10 g)
50 g Frischkäse mit Kräutern
1 Radieschen
1 Frühlingszwiebel
½ TL Sonnenblumenkerne (12 g)

- Knäckebrot mit Frischkäse bestreichen.
- Radieschen und Frühlingszwiebel waschen und putzen, dann in Scheiben, Frühlingszwiebel in Ringe schneiden und beides auf dem Knäckebrot verteilen.
- Mit Sonnenblumenkernen bestreuen.

Tipp
Die beiden Knäckebrotscheiben können Sie auch gegen eine Scheibe Vollkornknäcke (13 g) austauschen.

Fruchtiges Philadelphia-Hörnchen (Foto)

Für 1 Portion

½ Platte TK-Blätterteig
25 g Frischkäse Balance (z. B. von Philadelphia)
1 TL Waldfruchtkonfitüre

- Backofen auf 200 °C (Umluft 180 °C, Gas Stufe 3 ½) vorheizen.
- Blätterteig auftauen, etwas ausrollen, in zwei Quadrate teilen, anschließend in Dreiecke schneiden.
- In die Mitte der breiten Seiten je 1 Teelöffel Frischkäse und etwa ½ Teelöffel Konfitüre geben.
- Blätterteig aufrollen, zu Hörnchen formen und diese mit etwas kaltem Wasser bestreichen.
- Im Backofen, auf dem Rost, mittlere Schiene, etwa 15 Minuten goldgelb backen.
- Hörnchen herausnehmen und lauwarm servieren.

Vollkornbrötchen mit süßem Quark

Für 1 Portion

1 Vollkornbrötchen (45 g)
100 g Speisequark (20 % Fett)
2 EL Mineralwasser
1 TL kalorienreduzierte Kirsch- oder Aprikosenkonfitüre (10 g)

- Das Vollkornbrötchen waagerecht aufschneiden.
- Speisequark und Mineralwasser verrühren. Beide Brötchenhälften mit dem Quark bestreichen. Darüber die Konfitüre verteilen.

Variante
Selbstverständlich können Sie auch jede andere Sorte kalorienreduzierte Konfitüre verwenden – ganz nach Ihrem Geschmack.

Roastbeefbrot mit Preiselbeeren

Für 1 Portion

1 kleine Scheibe Grahambrot (40 g)
1 gestr. TL Halbfettbutter (5 g)
1 Salatblatt
3 dünne Scheiben Salatgurke
2 Scheiben Roastbeef (60 g)
1 TL (5 g) Preiselbeeren (Glas)

- Brotscheibe mit Halbfettbutter bestreichen und mit dem Salatblatt belegen.
- Gurkenscheiben darauf verteilen. Die Roastbeefscheiben locker darauf legen. Mit Preiselbeeren garnieren.

Knäckebrot mit Parmaschinken

Für 1 Portion

2 Scheiben Knäckebrot (je 10 g)
1 gestr. TL Halbfettbutter (5 g)
50 g Parmaschinken (ohne Fettrand)

- Knäckebrotscheiben mit Halbfettbutter bestreichen und mit dem Parmaschinken belegen.

Variante
Grundsätzlich können Sie die Brotarten untereinander austauschen. Wichtig ist, dass Sie für Abwechslung sorgen.

Vollkornbrot mit Geflügelmortadella

Für 1 Portion

1 Scheibe Roggenvollkornbrot
1 gestr. TL Halbfettbutter (5 g)
1 Salatblatt
3 Scheiben kalorienreduzierte Geflügelmortadella
2 Cornichons, 2 Maiskölbchen

- Brotscheibe mit Halbfettbutter bestreichen.
- Salatblatt und Geflügelmortadella auf das Brot legen. Mit zerteilten Cornichons und Maiskölbchen garnieren.

Gemüsetoast Italiano (Foto)

Für 1 Portion

200 g Zucchini
100 g rote Paprikaschote
1 EL Olivenöl, Salz
frisch gemahlener schwarzer Pfeffer
1 Scheibe Vollkorntoastbrot (30 g)
50 g Frischkäse (z. B. Philadelphia Balance Kräuter)
frische Kräuter

- Zucchini und Paprika in dünne Streifen schneiden, in Olivenöl kurz anbraten, mit Salz und Pfeffer würzen und etwas abkühlen lassen.
- Toastbrot toasten, mit dem Frischkäse bestreichen und das Gemüse darauf verteilen. Kräuter darüber streuen.

Tipp

Dieser Frischkäse (Philadelphia Balance) hat 16 Prozent Fett, er ist in den Geschmacksrichtungen Natur, mit Kräutern, Tomaten & Basilikum, Paprika und Schnittlauch erhältlich.

Süßes aus Getreide & Co.

Müslis – immer wieder anders (200 kcal)

Rotes Beeren-Müsli

Für 1 Portion

5 g Walnusskerne
40 g kernige Haferflocken (z. B. von Kölln)
125 g gemischte Waldbeeren, frisch oder TK
4 EL probiotischer Joghurt (0,5 % Fett)

- Walnusskerne hacken und mit den kernigen Haferflocken in einem tiefen Teller mischen.
- Beeren darauf anrichten. Den Joghurt darüber geben.

Trauben-Müsli

Für 1 Portion

10 grüne kernlose Weinbeeren (50 g)
3 EL Magerquark (90 g)
2 EL Magermilch
1 TL Orangensaft
einige Tropfen flüssiger Süßstoff
2 EL Früchte-Vollkorn-Müsli

- Weinbeeren waschen, abtropfen und halbieren.
- Magerquark, Magermilch, Orangensaft und flüssigen Süßstoff verrühren und mit den Weinbeeren mischen.
- Früchte-Vollkorn-Müsli darüber streuen.

Tipp
Am besten verwenden Sie kernlose Weinbeeren. Weinbeeren mit Kernen sollten Sie auf jeden Fall halbieren und entkernen.

Übrigens
Das nebenstehende Rezept für eine selbst zusammengestellte Müsli-Mischung ist ballaststoffreich, sättigend und reicht für 6 Portionen von je 50 g, das sind in etwa 2 gehäufte EL.

Müsli-Mischung selbst gemacht

Für 6 Portionen

63 g Knusprige Haferflecks mit Kleie (z. B. von Kölln)
50 g Kernige Haferflocken
25 g Haferkleie Flocken
25 g Haselnüsse, gehackt
25 g Sonnenblumenkerne
25 g Kurpflaumen
25 g Aprikosen, getrocknet
25 g Rosinen
10 g Pflanzenmargarine
25 g Honig
1–2 EL Zitronensaft

- Haferflecks mit Kleie, Haferflocken, Haferkleie Flocken, Haselnüssen und Sonnenblumenkernen mischen. Kurpflaumen und Aprikosen waschen, trockentupfen und fein schneiden. Rosinen untermischen.
- Pflanzenmargarine, Honig und Zitronensaft unter ständigem Rühren so lange kochen, bis die Masse leicht bräunt. Mit den anderen Zutaten mischen.
- Das Müsli auskühlen lassen. In ein Vorratsglas geben.

Tipp
Statt der drei Möhren können Sie auch 1 Möhre (80 g) und ½ Apfel (40 g) nehmen; und statt der 2 EL Früchte-Vollkorn-Müsli 1 EL Haferflocken und ½ TL Weizenflocken.

Möhren-Müsli

Für 1 Portion

3 Möhren (150 g)
1 Becher (150 g) fettarmer Joghurt (1,5 % Fett)
1 TL Schmand
einige Tropfen flüssiger Süßstoff
2 EL Früchte-Vollkorn-Müsli (Fertigprodukt)

- Möhren putzen, waschen und sehr fein raspeln.
- Magermilch-Joghurt, Schmand und flüssigen Süßstoff miteinander verrühren.
- Möhren unterheben und mit dem Früchte-Vollkorn-Müsli bestreuen.

Früchte-Müsli mit Dickmilch

Für 1 Portion

125 g TK-Früchte (z. B. Beerencocktail) oder frische Früchte der Saison
150 g Dickmilch (3,5 % Fett)
1 EL Müsli-Mischung (25 g)

- Früchte in einer Schale auftauen lassen; frische Früchte kalt abbrausen, trockentupfen und eventuell halbieren.
- Dickmilch über die Früchte geben. Mit der Müsli-Mischung bestreuen.

Tipp
Im Sommer lassen sich die TK-Früchte durch frische ersetzen.

Joghurt-Müsli

Für 1 Portion

1 kleine Kiwi
½ kleiner Apfel
½ kleine Clementine
1 Becher (150 g) Magermilch-Joghurt (0,3 % Fett)
1 EL Müsli-Mischung (50 g)

- Kiwi und Apfel schälen; Kiwi waagerecht halbieren und in Scheiben schneiden. Apfel vierteln, das Kerngehäuse entfernen, Apfelstücke klein schneiden.
- Clementine pellen, die weiße Haut entfernen, Frucht in Segmente teilen, eventuell halbieren. Obststücke mischen. Joghurt und Müsli-Mischung unterheben.

Tipp
Der Magerjoghurt kann auch durch fettarme Milch ausgetauscht werden.

Tipp
Den Apfel können Sie auch durch eine Birne ersetzen.

Früchte-Müsli

Für 1 Portion

1 Apfel
½ Banane
50 g Dickmilch (1,5 % Fett)
1 EL Zitronensaft
einige Tropfen Süßstoff
2 EL kernige Haferflocken

- Apfel waschen, trockentupfen und klein schneiden. Banane pellen, längs halbieren, in Scheiben scheiden und mit den Apfelstücken mischen.
- Obststücke mit Zitronensaft und Süßstoff beträufeln und unter die Dickmilch heben. Alles mit Haferflocken bestreuen

Müsli mit Melone

Für 1 Portion

100 g Wasser- oder Ogenmelone
2 EL Magermilch-Joghurt (je 25 g)
1 TL Schmand
1 TL Birnendicksaft (5 g)
3 EL Vierkornflocken (30 g)
1 TL Kokosflocken (5 g)

- Melonenfruchtfleisch mit einem Kugelausstecher zerkleinern oder mit einem Messer würfeln.
- Magermilch-Joghurt, Schmand und Birnendicksaft miteinander verrühren.
- Melonenfruchtstücke mit der Joghurtmischung anrichten; die Vierkornflocken darüber geben und mit Kokosflocken bestreuen.

Cornflakes mit Aprikosenquark und Erdbeeren (Foto)

Für 1 Portion

2 Aprikosen
125 g Magerquark
1 TL Zitronensaft
2 EL fettarme Milch (1,5 % Fett)
4–5 Erdbeeren
30 g Cornflakes (z. B. CornFlakes Vollkorn von Kelloggs)

- Eine Aprikose waschen, trockentupfen, grob zerkleinern und zusammen mit Quark, Zitronensaft und Milch pürieren.
- Restliche Aprikose und die Erdbeeren klein schneiden. Den Aprikosenquark in eine Schale geben; Cornflakes, Aprikosen- und Erdbeerenstücke darauf verteilen.

Müsli mit Orange

Für 1 Portion

1 mittelgroße Orange (130 g)
2 EL Magermilch-Joghurt (je 25 g)
1 TL Schmand
1 EL Orangensaft
einige Tropfen Süßstoff
3 EL Vierkornflocken (30 g)
einige Zitronenmelisseblättchen

Tipp
Blutorangen machen farblich einen noch schöneren Eindruck. Sie wissen ja, das Auge isst mit!

- Orange pellen, dabei die weiße Haut entfernen. Orange in Spalten teilen, diese halbieren und in einem tiefen Teller anrichten.
- Magermilch-Joghurt, Schmand, Orangensaft und Süßstoff verrühren und, bis auf einen Esslöffel, über die Orangenstücke geben.
- Vierkornflocken und die restliche Joghurtmischung darüber geben. Mit Zitronenmelisseblättchen garnieren.

Mandarinen-Müsli

Für 1 Portion

2 Mandarinen
1 Becher (150 g) Magermilch-Joghurt (0,3 % Fett)
1 EL Birnendicksaft (20 g)
2 EL Müsli-Mischung (50 g)

Tipp
Die Mandarinen können durch Birnen-, Pfirsich- oder Aprikosenhälften aus der Dose ersetzt werden.

- Mandarinen schälen, in Spalten teilen und eventuell halbieren. Auf einem tiefen Teller verteilen; zwei Spalten beiseite legen.
- Magermilch-Joghurt und Birnendicksaft verrühren und bis auf einen Esslöffel über die Fruchtstücke geben. Die Müsli-Mischung darüber streuen, dann die restliche Joghurtmischung darauf verteilen und mit den übrigen Mandarinenstücken garnieren.

Müsli mit Papaya und Mango

Für 1 Portion

je 1 kleine Papaya und Mango
2 EL Zitronensaft
½ Becher (75 g) Magermilch-Joghurt (0,3 % Fett)
2 Tropfen Vanille-Aroma
1 EL Müsli-Mischung (25 g)

- Papaya und Mango schälen. Papaya halbieren, Kerne entfernen und das Fruchtfleisch würfeln.
- Von der Mango das Fruchtfleisch vom Stein abschneiden und ebenfalls würfeln. Das Fruchtfleisch mischen. Mit Zitronensaft beträufeln.
- Magerjoghurt und Vanille-Aroma verrühren und mit der Müsli-Mischung über das Obst geben.

Tipp

Das Fruchtfleisch der Papaya sollte beim Aufschneiden orangefarben und butterweich sein. Erst wenn die Frucht einen intensiven Duft ausströmt und auf Fingerdruck nachgibt, ist sie mundreif.

Müsli mit Kiwi und Melone

Für 1 Portion

125 g Honigmelone
1 Kiwi (100 g)
2 EL kernige Haferflocken (20 g)
½ Becher (75 g) Magermilch-Joghurt (0,3 % Fett)
1 TL Schmand
einige Tropfen Süßstoff

- Melonenfruchtfleisch mit einem Kugelausstecher zerkleinern oder mit dem Messer würfeln.
- Kiwi schälen, senkrecht halbieren, in Scheiben schneiden und mit den Melonenstücken mischen.
- Kernige Haferflocken, Magermilch-Joghurt, Schmand und Süßstoff verrühren, in einen tiefen Teller geben und mit den Obststücken anrichten.

Variante

Als erfrischendes Dessert: Müsli-Mischung und Joghurt weglassen, dafür eine kleine Kugel Vanille-Eis servieren.

Müsli spezial (Foto)

Für 1 Portion

30 g Cornflakes (z. B. Kelloggs Spezial)
50 g frische oder TK-Heidelbeeren
½ säuerlicher Apfel
2 EL Speisequark (10 % Fett)
2 EL (50 g) Magermilch-Joghurt (0,3 % Fett)
1 Msp. Vanillezucker oder Zimt
einige Minzblättchen

Tipp
Wer's saftiger mag, kann noch 4 EL fettarme Milch angießen.

- Cornflakes in einen tiefen Teller geben. Frische Heidelbeeren verlesen, waschen und abtropfen lassen. Tiefgefrorene Heidelbeeren auftauen lassen.
- Apfel vierteln, entkernen und die Hälfte des Apfels klein schneiden.
- Beeren und Apfelstücke mit den Cornflakes vorsichtig vermischen. Quark und Joghurt glatt rühren und über die Cornflakes geben.
- Mit Vanillinzucker oder Zimt bestreuen und mit Minzblättchen garniert anrichten.

Himbeer-Müsli

Für 1 Portion

125 g Himbeeren
1 Becher (150 g) Magermilch-Joghurt (0,3 % Fett)
1 TL Schmand
einige Tropfen Süßstoff
etwas abgeriebene Schale einer unbehandelten Zitrone
4 EL Cornflakes

Tipp
Statt Himbeeren schmecken auch Brombeeren oder Heidelbeeren.

- Himbeeren putzen und mit Küchenpapier abtupfen.
- Magermilch-Joghurt, Schmand und Süßstoff miteinander verrühren. Zitronenschale unterrühren.
- Mit Himbeeren und Cornflakes anrichten.

Ananas-Müsli

Für 1 Portion

100 g frische Ananas
1 EL Haferflocken
1 EL Haferkleie
1 Becher (150 g) Magermilch-Joghurt (0,3 % Fett)
1 TL Schmand
1 EL Sonnenblumenkerne, gehackt

- Ananas klein schneiden und in eine Müslischale geben.
- Magermilch-Joghurt und Schmand verrühren, über die Ananasstücke geben; Haferflocken, Haferkleie und die Sonnenblumenkerne darüber verteilen, leicht mischen.

Tipp

Für das nebenstehende Rezept müssen Sie keine ganze Ananasfrucht kaufen; in vielen Supermärkten gibt es Ananasfruchtfleisch portionsweise abgepackt in der Frischetheke.

Gerichte mit und ohne Obst

Gerichte mit Fleisch, Fisch und Gemüse

Putenschnitzel mit Aprikosensauce

Für 1 Portion

1 Ei (Kl. S)
1 kleines Putenschnitzel (80 g)
Salz
frisch gemahlener weißer Pfeffer
15 g Halbfettbutter
½ Scheibe kalorienreduzierter Rottaler-Naturkäse
1 TL TK-Zwiebeln, gewürfelt
½ TL Mehl
40 ml trockener Weißwein
1 EL kalorienreduzierter Brotaufstrich Aprikose
1 Prise Curry
1 Msp. Sambal Oelek
1 TL Sojasauce
1 Prise Zucker
2 Tropfen Zitronensaft
2 EL TK-Petersilie
10 kleine Möhren (Fingermöhren)

- Ei verquirlen. Putenschnitzel salzen, pfeffern und durch das Ei ziehen. In einer beschichteten Pfanne von beiden Seiten in etwas Halbfettbutter goldgelb braten.
- Mit Käse belegen und etwa 5 Minuten bei kleiner Hitze zugedeckt garen, bis der Käse zerläuft. Herausnehmen und in Folie wickeln.
- Restliche Halbfettbutter erhitzen, Zwiebeln darin glasig dünsten, mit Mehl bestäuben, mit Weißwein ablöschen und zugedeckt 5 Minuten weiter dünsten. Den Fruchtaufstrich unterrühren; die restlichen Zutaten und 1 Esslöffel Petersilie hinzufügen.
- Möhren in kochendem, leicht gesalzenem Wasser 5–8 Minuten garen, herausnehmen, mit Petersilie bestreut zu dem Putenschnitzel mit der Sauce anrichten.

INFO

Curry besteht aus 10 bis 30 unterschiedlichen Gewürzen, je nach Zusammensetzung schwankt die Farbe zwischen orangerot und olivgelb. Bei uns werden folgende Varianten angeboten: Der mild-fruchtige indische Curry, der mild-aromatische Madras-Curry und der würzig-scharfe Bombay-Curry. Die Qualitäten sind sehr unterschiedlich. Deshalb: nie die preiswerten Angebote kaufen.

Tipp
Bevor gegartes Hähnchenbrustfilet angeschnitten wird, sollten Sie es stets ruhen lassen. Dann sammelt sich der Fleischsaft besser. Das gilt für alle gebratenen Fleischsorten.

Hähnchenbrust mit Grapefruit

Für 1 Portion

1 Hähnchenbrustfilet (150 g)
1 gelbe oder rosa Grapefruit
1 TL Butterschmalz
1 TL Mehl
½ TL Curry
Salz
frisch gemahlener weißer Pfeffer
5 EL Grapefruit- oder Orangensaft
1 TL rosa Pfeffer

- Hähnchenbrustfilet abspülen, trockentupfen und in mundgerechte Stücke schneiden.
- Grapefruit mit einem scharfen Messer schälen, die Segmente zwischen den Trennwänden herausschneiden.
- Butterschmalz erhitzen, Fleisch darin von beiden Seiten anbraten, mit Mehl und Curry bestäuben, salzen und pfeffern.
- Den Grapefruit- oder Orangensaft zugeben und 10 Minuten köcheln lassen. Den rosa Pfeffer und die Grapefruitfilets dazugeben. Alles bei kleiner Hitze weitere 5 Minuten zugedeckt ziehen lassen.

Hähnchenbrust mit Erdbeeren und grünem Pfeffer

Für 1 Portion

1 Hähnchenbrustfilet (150 g)
1 EL Olivenöl
150 g Erdbeeren
1 TL eingelegter grüner Pfeffer
1 TL Balsamessig
1 Msp. Dijon-Senf
1 EL Apfelsaft
Salz
1 kleine Brötchenscheibe

- Hähnchenbrustfilet abspülen, trockentupfen. 1 Teelöffel Öl erhitzen, das Fleisch von beiden Seiten anbraten und von jeder Seite weitere 3 Minuten zugedeckt dünsten.

- Die Erdbeeren abbrausen, trockentupfen, entkelchen und halbieren. Pfeffer zerdrücken, mit Essig, Senf, Apfelsaft und restlichem Öl verrühren, mit Salz abschmecken und über die Erdbeeren geben.
- Das Hähnchenbrustfilet schräg in fingerdicke Streifen schneiden und mit den Erdbeeren anrichten.
- Als Beilage eine Brötchenscheibe.

Hähnchenbrust mit Backobst

Für 1 Portion

3 getrocknete Aprikosen
3 getrocknete Backpflaumen
½ Tasse Gemüsebrühe (Instant)
1 Hähnchenbrust (200 g)
Salz
frisch gemahlener weißer Pfeffer
4 kleine Lauchzwiebeln
2 TL Crème fraîche oder Schmand
2 EL Naturreis

- Aprikosen und Backpflaumen in der Brühe 10 Minuten zugedeckt köcheln lassen.
- Hähnchenbrust salzen, pfeffern, in einer beschichteten Pfanne beidseitig anbraten. Bei kleiner Hitze 15 Minuten braten, dabei öfter wenden.
- Lauchzwiebeln waschen, trockentupfen und klein schneiden.
- Hähnchenbrust herausnehmen, zum Warmhalten in Alufolie wickeln. Lauchzwiebeln in die Pfanne geben, kurz anbraten, wenden und zugedeckt 3 Minuten dünsten.
- Aprikosen und Backpflaumen mit der Flüssigkeit zufügen und 10 Minuten dünsten. Crème fraîche oder Schmand einrühren und abschmecken.
- Als Beilage gegarter Naturreis.

Variante

Statt nur Aprikosen und Backpflaumen können Sie auch eine Backobst-Mischung verwenden. Darin sind zusätzlich getrocknete Äpfel. Davon eventuell 2–3 Stück verwenden, je nach Größe des getrockneten Obstes.

Gefüllte Hähnchenbrust mit Möhrensauce

Für 1 Portion

1 Hähnchenbrustfilet (150 g)
½ Scheibe kalorienreduzierter Gouda
Salz
frisch gemahlener weißer Pfeffer
Thymian, gerebelt
1 TL Pflanzenöl
1 mittelgroße Möhre
1 EL TK-Knoblauch, gewürfelt
100 ml Gemüsebrühe (Instant)
1 EL kalorienreduzierter Frischkäse (30 g)
3 Korianderstiele, gehackt
60 g Kartoffelpüree komplett mit Milch (Fertigprodukt)
Rouladennadeln

- Hähnchenbrustfilet abspülen, trockentupfen, eine Tasche einschneiden, Käse einlegen und eventuell mit Rouladennadeln feststecken. Rundherum mit Salz, Pfeffer und Thymian würzen.
- Pflanzenöl erhitzen, Hähnchenbrustfilet von beiden Seiten anbraten und bei kleiner Hitze zugedeckt 10 Minuten dünsten. Fleisch herausnehmen und warm stellen.
- Möhre schälen, raspeln und mit Knoblauch in der Pfanne kurz anbraten. Brühe dazugießen, Frischkäse einrühren und 4 Minuten köcheln lassen. Mit Pfeffer und der Hälfte der Korianderblätter würzen.
- Das Hähnchenbrustfilet schräg in fingerdicke Scheiben schneiden, mit dem restlichen Koriander bestreuen.
- Als Beilage nach Packungsanweisung zubereitetes Kartoffelpüree.

Putengeschnetzeltes mit Äpfeln

Für 1 Portion

130 g Putenschnitzel
1 kleiner Apfel
3 Frühlingszwiebeln
1 EL Keimöl
½ Beutel Fix für Putengeschnetzeltes
½ TL körniger Senf
7 EL Püreepulver mit Milch (35 g)

- Das Putenschnitzel waschen, trockentupfen und in dünne Streifen schneiden.
- Den Apfel waschen, vierteln, entkernen, in dünne Scheiben schneiden.
- Das Geschnetzelte in heißem Keimöl kurz braten und herausnehmen. Die Apfelstücke und Frühlingszwiebel im restlichen Bratfett anbraten und ebenfalls herausnehmen.
- 125 ml kaltes Wasser in die Pfanne geben, Fix für Putengeschnetzeltes einrühren und 2 Minuten kochen lassen. Das Fleisch, Apfelstücke und Frühlingszwiebeln in die Sauce geben und kurz erwärmen. Mit Senf würzen.
- Als Beilage schmeckt das nach Packungsanweisung zubereitete Kartoffelpüree.

Tipp

Auch wenn Sie statt Putenschnitzel ein Hähnchenbrustfilet verwenden, können Sie das Fix für Putengeschnetzeltes verwenden. Welches Fleisch auch immer – eine kleine Vitamin-Bombe machen Sie daraus, wenn Sie viel frische gehackte Petersilie darüber streuen.

Entenbrust mit Mango und Sahnesauce

Für 2 Portionen

1 Entenbrust (250g)
1 EL Keimöl
Salz
frisch gemahlener weißer Pfeffer
1 Mango
125 ml Kaffeesahne (4 % Fett)
50 ml Hühnerkraftbouillon (instant)
50 g Preiselbeeren
1 TL frischer, grüner Pfeffer
½ TL rosa Pfeffer
einige Stiele Kerbel

- Entenbrust trockentupfen, die Haut rautenförmig einschneiden. Den Backofen auf 200 °C (Umluft 180 °C, Gas Stufe 3½) vorheizen.
- Entenbrust in heißem Keimöl auf der Hautseite 2–3 Minuten, auf der Fleischseite 2–3 Minuten anbraten. Von beiden Seiten salzen und pfeffern. Entenbrust mit der Hautseite nach oben in eine feuerfeste Auflaufform legen und im vorgeheizten Backofen in etwa 10 Minuten knusprig braten. Herausnehmen, in Alufolie wickeln und darin warm halten.
- Mango schälen, Kern entfernen, Fruchtfleisch klein schneiden. Den Entenbratfond in eine Pfanne geben und erhitzen. Mangostücke zufügen und etwa 5 Minuten dünsten. Kaffeesahne in den Bratenfond geben, Hühnerkraftbouillon zufügen, verrühren und etwas einkochen.
- Alufolie anstechen, den angesammelten Fleischsaft mit den Preiselbeeren einrühren. Die Sauce mit zerdrückten Pfefferkörnern und Salz würzen.
- Entenbrust schräg in dünne Scheiben schneiden, mit der Sauce und dem Mangokompott servieren. Mit Kerbel garnieren.

Variante

Ente à l'orange: Statt Mango können Sie auch 1 Orange nehmen. Dazu die Fruchtfilets der geschälten Orange zwischen den Trennwänden herausschneiden. Statt der Preiselbeeren fügen Sie zum Schluss den Saft einer Orange hinzu und binden die Sauce mit hellem Saucenbinder.

Info
Qualitativ gutes Lammfleisch ist leicht marmoriert und hat einen dünnen, gleichmäßigen Fettrand. Güte und Aroma werden bestimmt durch die Herkunft: Ein Salzwiesenlamm nimmt die intensiven Aromen der meeresnahen Vegetation auf. Das Fleisch hat einen kräftig-würzigen Geschmack. Heidschnuckenfleisch ist eher herb und schmeckt ein wenig nach Wild. Schottische Lämmer sind eher schwach im Geschmack.

Lammkoteletts mit Thymianbutter

Für 1 Portion

1 doppeltes Lammkotelett (170 g)
oder 2 kleine Lammkoteletts
(ca. 80–90 g)
1½ EL Olivenöl, Salz
frisch gemahlener weißer Pfeffer
1 Msp. Knoblauchpulver
1 TL Halbfettbutter
¼ TL getrockneter Thymian
2 cl Anisschnaps
1 TL Crème fraîche
1 Zitronenspalte
2 Kartoffeln

- Kotelett waschen und trockentupfen. Kotelett im heißen Olivenöl von beiden Seiten anbraten, mit Salz, Pfeffer und Knoblauchpulver würzen, von jeder Seite 3–5 Minuten braten. Kotelett herausnehmen, in Alufolie warm halten.
- Halbfettbutter im Bratfett aufschäumen lassen. Thymian zugeben und mit Anisschnaps ablöschen.
- Alufolie anstechen und den angesammelten Fleischsaft aus der Folie in die Pfanne rühren, Sauce mit Salz und Pfeffer würzen und Crème fraîche einrühren. Fleisch aus der Folie nehmen, mit Sauce und Zitronenspalten anrichten.
- Als Beilage eignen sich 2 gegarte Salzkartoffeln.

Pfeffersteak mit Tomate

Für 1 Portion

120 g Rinderfiletsteak
1 TL Pflanzenöl
1 TL eingelegter grüner Pfeffer
Salz, frisch gemahl. weißer Pfeffer
1 mittelgroße Tomate
1 Msp. Knoblauchsalz
1 EL TK-Petersilie
1 mittelgroße Kartoffel

- Steak trockentupfen, mit Öl bestreichen, zerdrückten grünen Pfeffer darüber geben. Zugedeckt 1 Stunde ruhen lassen.

- Steak in einer beschichteten Pfanne von jeder Seite 2–3 Minuten braten, dann erst salzen.
- Zum Warmhalten in Alufolie wickeln.
- Tomate waschen, trockentupfen, halbieren und mit Salz, Knoblauch und etwas Petersilie bestreuen und in die Pfanne setzen. Die Folie leicht anstechen, den angesammelten Fleischsaft in die Pfanne laufen lassen, eventuell 3 Esslöffel Wasser zugeben.
- Tomate zugedeckt etwa 5 Minuten dünsten. Steak aus der Folie nehmen, mit der Tomate und der gekochten Salz- oder Pellkartoffel anrichten.

Birnen, Bohnen und Schinken

Für 1 Portion

2 Kartoffeln
150 g TK-Brechbohnen
6 EL Salzwasser
1 Prise gerebeltes Bohnenkraut
1 halbreife Birne
4 Scheiben gekochter Schinken (evtl. Lachsschinken)
etwas Streuwürze
weißer Pfeffer
½ TL Halbfettbutter
2 EL TK-Petersilie

- Kartoffeln schälen und würfeln. Zusammen mit den Brechbohnen in Salzwasser mit Bohnenkraut zugedeckt garen.
- Die Birne vierteln, entkernen und nach 10 Minuten zu den Bohnen geben.
- 3 Minuten vor Ende der Garzeit die Schinkenscheiben halbieren und zufügen. Alles mit Streuwürze und Pfeffer würzen. Halbfettbutter zugeben und mit Petersilie bestreut anrichten.

Tipp
Falls die Birne in ungegartem Zustand noch sehr hart ist, gleich mit den Bohnen garen. Statt getrocknetem Bohnenkraut können Sie selbstverständlich auch frisches verwenden.

Paprika-Wurst-Pfanne

Für 1 Portion

100 g kalorienreduzierte Fleischwurst
2 Scheiben kalorienreduzierte Cevelatwurst
100 g Lauchzwiebeln
200 g rote Paprikaschoten
30 g Spätzle (Fertigprodukt)
1 TL Olivenöl
1 EL Tomatenmark
5 EL Wasser
Salz
frisch gemahlener weißer Pfeffer
1 EL Majoranblättchen

- Fleischwurst häuten und in Scheiben, Cervelatwurst in Streifen schneiden. Gemüse putzen, waschen und ebenfalls in Streifen schneiden.
- Spätzle in Salzwasser nach Packungsanweisung garen. Auf einem Sieb abgießen und gut abtropfen lassen.
- Olivenöl in einer beschichteten Pfanne erhitzen. Tomatenmark und Wasser verrühren und zum Gemüse geben; alles bei mittlerer Hitze 5 Minuten zugedeckt garen. Wurst und Spätzle unterheben. Mit wenig Salz und Pfeffer würzen. Mit Majoranblättchen bestreuen.

Variante
Einen hervorragenden Geschmack bekommt die Minestrone, wenn Sie 3 Würfel TK- Blattspinat- oder Mangold-Minis mit den weißen Bohnen in die Suppe geben. Der Kalorienanteil erhöht sich nicht nennenswert.

Minestrone mit Würstchen (Foto)

Für 1 Portion

1 TL Olivenöl
½ Packg. TK-Suppengemüse (225 g)
1 TL TK-Knoblauch, gewürfelt
1 kleines Stück Lorbeerblatt
300 ml Gemüsebrühe (Instant)
1 TL Tomatenmark
50 g weiße Bohnen (Dose)
frisch gemahlener weißer Pfeffer
etwas abgeriebene Muskatnuss
1 kalorienreduziertes Würstchen
1 TL Parmesankäse, gerieben
3–4 Basilikumblätter

- Olivenöl erhitzen, Suppengemüse, Knoblauch und Lorbeerblatt zugeben. Mit Gemüsebrühe aufgießen, Tomatenmark einrühren und zugedeckt bei mittlerer Hitze etwa 15 Minuten garen. 5 Minuten vor Ende der Garzeit die abgegossenen weißen Bohnen zufügen.
- Das Lorbeerblatt entfernen. Die Suppe mit wenig Salz, Pfeffer und Muskatnuss abschmecken.
- Würstchen in Scheiben schneiden und in die Suppe geben.
- Zum Anrichten mit Parmesankäse bestreuen und mit gezupften Basilikumblättern bestreuen.

Zucchini-Auflauf mit Fleischwurst

Für 2 Portionen

350 g Zucchini
100 g kalorienreduzierte Fleischwurst
200 g Tomaten
1 TL Pflanzenöl
Salz
frisch gemahlener schwarzer Pfeffer
1 TL TK-Knoblauch, gewürfelt
2 TL TK-Petersilie
75 g kalorienreduzierte Käseraspel

- Zucchini putzen, waschen und in dünne Scheiben schneiden. Fleischwurst pellen, längs halbieren und ebenfalls in Scheiben schneiden. Tomaten waschen, Stängelansatz entfernen und in Scheiben schneiden.
- Backofen auf 200 °C (Umluft 180 °C, Gas Stufe 3½) vorheizen.
- Auflaufform mit Öl ausstreichen. Zucchini- und Tomatenscheiben abwechselnd in der Form anordnen. Zwischendurch mit Salz, Pfeffer, Knoblauchwürfeln und Petersilie bestreuen. Darüber die Käseraspel verteilen.
- Die Form in den vorgeheizten Backofen, zweite Schiene von unten, setzen und etwa 40 Minuten backen.

INFO
Grünkern ist ein frühes Ernteprodukt der Dinkelpflanze. Diese wird im Juli halbreif, also grün, geerntet. Unmittelbar nach dem Dreschen kommt der Grünkern auf die Darren und wird bei 120–130 °C gedörrt. Dies geschieht heute mit Heißluft. Grünkern ist olivgrün und schmeckt aromatisch würzig.

Buntes Gemüse mit Grünkern

Für 1 Portion

30 g Grünkern
75 ml Wasser
1 TL Halbfettbutter
1 TL TK-Zwiebeln, gewürfelt
½ Packg. TK-Pfannengemüse Bauernart (150 g)
1 TL Curry
3 EL Gemüsebrühe (instant)
1 EL Crème fraîche
2 EL TK-Petersilie

- Grünkern in 75 ml Wasser 1 Stunde quellen lassen.
- Halbfettbutter zerlassen, Zwiebelwürfel darin glasig dünsten. Grünkern mit Quellflüssigkeit zufügen. Alles bei mittlerer Hitze etwa 20 Minuten zugedeckt garen.
- Inzwischen das Pfannengemüse unaufgetaut in eine Pfanne geben. Bei starker Hitze etwa 4 Minuten anbraten. Curry und Gemüsebrühe unterrühren. Bei mittlerer Hitze 4–6 Minuten garen.
- Grünkern mit Gemüse und Crème fraîche mischen. Mit Petersilie bestreuen.

Grünes Gemüse mit Senfsauce

Für 1 Portion

1 TL Halbfettbutter
½ Packg. TK-Mischgemüse (Brechbohnen, Rosenkohl, Erbsen, Romanesco)
1 TL Mehl
100 ml Gemüsebrühe (Instant)
½ TL körniger Dijon-Senf
2 EL Schlagsahne
Salz
frisch gemahlener weißer Pfeffer
30 g Nudeln

- Halbfettbutter in einem Topf zerlassen, das unaufgetaute Gemüse zugeben, 3 Minuten zugedeckt dünsten, mit dem Mehl bestäuben und nochmals wenden. Brühe angießen, alles aufkochen lassen und zugedeckt 2–3 Minuten garen.
- Topf vom Herd nehmen, Senf und Sahne einrühren, wieder auf den Herd stellen und zugedeckt nochmals etwa 2 Minuten köcheln lassen.
- Das grüne Gemüse mit Salz und Pfeffer abschmecken.
- Nudeln nach Packungsanweisung bissfest garen, abgießen und mit dem Gemüse anrichten.

Tipp

Es gibt zwei traditionelle französische Senfsorten: Dijon-Senf aus braunen Senfkörnern und Bordeaux-Senf aus weißen Senfkörnern. Der scharfe Dijon-Senf wurde vor mehr als 200 Jahren von Antoine Maille in Dijon entwickelt. Die spezielle Rezeptur wurde bis heute beibehalten. Der Dijon-Senf ist der bekannteste französische Senf. Seinen einzigartigen Geschmack erhält er durch eigens produzierte Essige.

Seelachs mit Radicchio-Orangen-Gemüse

Für 1 Portion

Variante
Statt Radicchio können Sie auch eine Chicorée-Staude verwenden.

150 g Seelachsfilet
½ TL Curry, 1 Prise Paprika, Salz
1 TL Halbfettbutter
1 kleiner Radicchio (200 g)
1 Orange
½ Tasse Gemüse-Hefebrühe
2 TL Crème fraîche
1 TL körniger Senf
45 g Reis
2 TL TK-Petersilie

- Backofen auf 200 °C (Umluft 180 °C, Gas Stufe 3 ½) vorheizen.
- Seelachs trockentupfen, mit Curry, Paprika und Salz würzen. Feuerfeste Form leicht einfetten. Fisch hineinsetzen, 4 Esslöffel Wasser zugeben, die Form mit Alufolie verschließen.
- Im vorgeheizten Backofen, mittlere Schiene, 20 Minuten garen.
- Radicchio abbrausen, trockenschwenken, halbieren, Strunk keilförmig herausschneiden; Salat in Streifen schneiden. Orange schälen und filetieren, den Saft auffangen, Filets halbieren.
- Saft, Brühe, Crème fraîche und Senf in einer Pfanne erhitzen. Radicchiostreifen zufügen, kurz erhitzen, Orangenfilets zufügen und 2 Minuten erhitzen.
- Fisch und Salat mit dem nach Packungsanweisung gegarten Reis anrichten. Mit Petersilie bestreuen.

Orangen-Schellfischfilet auf roten Zwiebeln

Für 2 Portionen

Tipp
Falls Sie keine Kumquats bekommen, schneiden Sie eine unbehandelte Orange mit Schale in feine Stücke.

300 g kleine rote Zwiebeln
30 g kandierter Ingwer
100 ml Rotwein, 1 EL Honig
½ Vanilleschote, Salz
400 g Schellfischfilet
75 g Kumquats (Mini-Orangen)
1 kleine Chilischote
1 Orange
20 g Halbfettbutter
7 EL Püreepulver mit Milch komplett (35 g)
180 ml Wasser

- Zwiebeln schälen und halbieren. Ingwer fein würfeln. Zwiebeln, Rotwein, Ingwer, Honig, ausgekratztes Vanillemark sowie einen kleinen gestrichenen Teelöffel Salz aufkochen, zugedeckt 10 Minuten dünsten und zwischendurch umrühren.
- Schellfisch trockentupfen und in 2 Portionstücke schneiden. Kumquats waschen und mit der Schale in hauchfeine Scheiben schneiden. Chilischote waschen, Kerne herauslösen und Schote sehr fein hacken. Orange auspressen.
- Halbfettbutter erhitzen. Chilischote und Kumquat-Scheiben zufügen, kurz dünsten, dann Orangensaft und Fischfilets zugeben. Zugedeckt etwa 5–6 Minuten dünsten.
- Fisch mit den Rotwein-Zwiebeln anrichten. Dazu geben Sie das nach Packungsanweisung zubereitete Kartoffelpüree.

Variante
Statt der Chilischote können Sie auch 1 Msp. Cayennepfeffer mit der Flüssigkeit verrühren.

Fisch alla Pizzaiola

Für 1 Portion

200 g Fischfilet
1 Knoblauchzehe
1 EL Olivenöl, extra vergine
Zitronensaft
Salz
½ Packg. Tomaten, gewürfelt mit Zwiebel (z. B. Tomato al gusto)
1 EL Kapern
1 EL TK-Basilikum
frisch gemahlener weißer Pfeffer
2 kleine Kartoffeln

- Fischfilet waschen, trockentupfen. Knoblauchzehe pellen und zerdrücken. Fischfilet in heißem Olivenöl von jeder Seite kurz anbraten, mit Zitronensaft beträufeln und leicht salzen.
- Zerdrückten Knoblauch, Tomaten und Kapern zugeben und alles bei mittlerer Hitze etwa 5 Minuten garen. Basilikum darüber streuen, in die Sauce rühren. Mit Salz und Pfeffer abschmecken. Als Beilage eignen sich 2 Salz- oder Pellkartoffeln.

Abnehmen mit Süßem

Süße Gerichte und Desserts

Grießbrei mit Sommer-Früchten (400 kcal) (Foto)

Zutaten für 2 Portionen

250 g gemischte Beeren
(Johannisbeeren, Himbeeren,
Brombeeren, Erdbeeren)
1 EL Gelierzucker
500 ml Milch
1 Beutel Grießbrei (z. B. Mondamin)

- Beeren verlesen, putzen, abbrausen, trockentupfen; Johannisbeeren mit Gelierzucker bestreuen und wenden.
- Milch aufkochen, Grießbrei nach Packungsanweisung zubereiten, nach 5 Minuten nochmals durchrühren und auf Teller geben. Die gemischten Beeren darauf verteilen.

Exotischer Früchtequark (300 kcal)

Zutaten für 2 Portionen

1 kleine Mangofrucht (125 g)
½ kleine Netzmelone (150 g)
1 kleine unbehandelte Orange
5–6 Tropfen flüssiger Süßstoff
250 g Magerquark
5–6 EL Mineralwasser
1 Passionsfrucht
1 TL Pistazien, gehackt

- Mango und Melone schälen, entkernen und in Scheiben schneiden. Orange waschen, trockentupfen, Schale abreiben und den Saft auspressen. Orangensaft, abgeriebene Schale und Süßstoff verrühren, über die Früchte geben und mischen.
- Quark und Mineralwasser verrühren. Passionsfrucht halbieren, das Fruchtfleisch unter den Quark mischen. Fruchtsalat mit Quark anrichten; mit Pistazien bestreuen.

Schokoladenreis mit Aprikosen (400 kcal)

Für 2 Portionen

1 reife Aprikose oder
2 Aprikosenhälften (Dose)
500 ml Milch
1 TL Kakaopulver
1 Beutel Milchreis (z. B. von Mondamin)

Variante
Statt der Aprikosen können Sie auch 75 g Süßkirschen oder 1 reife Feige oder 125 g Himbeeren verwenden.

- Frische Aprikosen waschen, halbieren und entsteinen. Aprikosenhälften (evtl. aus der Dose) in Spalten schneiden.
- Kalte Milch und 1 Teelöffel Kakaopulver verrühren und aufkochen.
- Topf von der Kochstelle nehmen. Beutelinhalt Milchreis unter ständigem Rühren mit dem Schneebesen einstreuen und etwa 1 Minute weiterrühren. Milchreis 10 Minuten stehen lassen.
- Den Milchreis nochmals durchrühren und auf Teller geben. Aprikosenspalten darauf verteilen. Milchreis mit etwas Kakaopulver bestäuben.

Beerenallerlei mit Zitronen-Joghurt-Sauce (300 kcal)

Für 2 Portionen

300 g frische oder TK-Waldbeeren (Him-, Brom- und Heidelbeeren)
1 Becher (150 g) Naturjoghurt (3,5 % Fett)
Saft von 1 Zitrone
einige Tropfen Süßstoff
4 Stängel Zitronenmelisse
2 Kugeln Fruchteis (Heidelbeer- oder Erdbeereis)
3 EL geschlagene Sahne

- Früchte verlesen, putzen, abbrausen und abtropfen. TK-Früchte auftauen lassen.
- Joghurt, Zitronensaft und Süßstoff verrühren. Zitronenmelisseblättchen fein schneiden und zum Joghurt geben. Auf Teller verteilen, Früchte daraufgeben, mit Eis und Sahne anrichten.

Schoko-Mousse-Nocken mit Orangensirup (300 kcal)

Für 4 Portionen

1 Beutel Milch Mousse Schokolade (z. B. von Mondamin)
250 ml Orangensaft
200 ml Milch
1 geh. TL feine Speisestärke
125 g Schlagsahne
2 TL Ahornsirup
einige Orangenschalenstreifen

- Milch Mousse nach Packungsanweisung zubereiten und mindestens 1 Stunde kalt stellen.
- Vom Orangensaft etwas Flüssigkeit abnehmen und mit der Speisestärke verrühren. Restlichen Orangensaft und Sahne aufkochen, angerührte Speisestärke unterrühren und 1 Minute kochen lassen. Ahornsirup unterrühren.
- Sauce auf einen Teller gießen. Mousse-Nocken abstechen und darauf setzen. Mit Orangenschalenstreifen garnieren.

Orangengelee (100 kcal)

Für 1 Portion

4 Blatt weiße Gelatine, 6 EL Wasser
etwas abgeriebene Schale einer unbehandelten Orange
Saft von 2 mittelgroßen Orangen
5–8 Tropfen Süßstoff
60 g Mandarinen (Dose)

- Gelatine in kaltem Wasser einweichen.
- Wasser mit Orangenschale aufkochen. Von der Kochstelle nehmen, Orangensaft und Süßstoff zufügen. Eingeweichte Gelatine tropfnass auflösen und in den Orangensaft rühren.
- Etwas Orangensaft-Gelatine-Mischung in ein Schälchen geben und erstarren lassen. Einige Mandarinenstücke darauf verteilen, mit der restlicher Flüssigkeit begießen und im Kühlschrank erstarren lassen.

Tropische Frischkäsecreme (200 kcal) (Foto)

Für 2 Portionen

1 kleine Babyananas
100 g kalorinenreduzierter Frischkäse mit Buttermilch
1 EL Fruchtaufstrich Tropische Früchte
½ TL Kokosflocken
½ TL Pistazien, gehackt

- Babyananas mit dem grünen Schopf längs halbieren, den Saft auffangen, das Fruchtfleisch herauslösen und würfeln.
- Frischkäse, aufgefangenen Saft und Fruchtaufstrich verrühren, Kokosflocken und Ananaswürfel unterrühren. In die Ananashälften geben und alles mit Pistazien bestreuen.

Crème caramel (300 kcal)

Für 4 Portionen

3 g Halbfettbutter für die Form
180 g Zucker
40 ml Wasser
350 ml Milch
4 Tropfen Vanille-Aroma
3 Eier (Kl. M)

- Portionsförmchen (je ⅛ l Inhalt) einfetten.
- Für den Karamell 60 g Zucker und Wasser in einem Topf unter Rühren kochen; sobald das Wasser verdampft ist, hellbraun karamellisieren lassen und sofort in die vorbereiteten Förmchen gießen.
- Milch, restlichen Zucker und Vanille-Aroma in einem Topf aufkochen. Backofen auf 150 °C (Umluft 130 °C, Gas Stufe 1) vorheizen.
- Eier verquirlen, unter Rühren in die heiße, nicht kochende Vanillemilch rühren und auf die Karamellmasse gießen.
- Die Creme etwa 40 Minuten im Wasserbad (siehe Kasten) im vorgeheizten Backofen garen.

Garen im Wasserbad

Die feuerfesten Förmchen in die Fettpfanne stellen, so viel heißes Wasser (75–85 °C) zugießen, bis die Förmchen zu zwei Dritteln im Wasser stehen. Die Creme ist gar, wenn an einem hineingesteckten Holzstäbchen nichts hängen bleibt.

Mousse au chocolat (400 kcal)

Für 2 Portionen

50 g Schokoladenkuvertüre (halbbitter)
125 g Schlagsahne
1 Eigelb (Kl. S)
2 TL Puderzucker
1 Eiweiß (Kl. S)

- Schokolade grob hacken, in 25 g Sahne schmelzen lassen.
- Eigelb und 1 Teelöffel Puderzucker schaumig schlagen, flüssige Kuvertüre langsam unterrühren.
- Eiweiß steif schlagen, restlichen Puderzucker unterrühren und so lange schlagen bis die Masse cremig ist.
- Restliche Schlagsahne steif schlagen und unter die Schokoladenmasse ziehen, dann den Eischnee unterheben. In eine Schüssel geben und 2 Stunden kalt stellen.

Tipp

Statt dunkler Schokolade können Sie auch weiße Schokolade oder Vollmilch-Schokolade verwenden.

Quarkauflauf mit Orangen und Kiwi (300 kcal)

Für 2 Portionen

50 g Speisequark (10 % Fett)
1 EL Haselnüsse, gerieben
1 TL Haferflocken
2 Eigelb
15 g Zucker
1 Prise Salz, 4 Eiweiß
wenig Butter und 1 Prise Zucker für die Form
2 Kiwis
2 Orangen

- Speisequark auf einem Sieb abtropfen lassen. Haselnüsse und Haferflocken mit einem Nudelholz zerkleinern.
- Eigelb und die Hälfte des Zuckers cremig rühren, Quark, Salz, die Körner und Flocken untermischen.
- Backofen vorheizen auf 200 °C (Umluft 180 °C, Gas Stufe 3 ½) vorheizen.
- Eiweiß und restlichen Zucker steifschlagen. Mit einem Löffel unter die Eigelbmasse heben. Zwei Förmchen etwas einfetten, mit Zucker ausstreuen und die Masse einfüllen. Im vorgeheizten Backofen etwa 15 Minuten garen.
- Kiwis und Orangen schälen und in Scheiben schneiden. Die Förmchen stürzen und die Aufläufe mit den Orangen- und Kiwischeiben garnieren.

Info

Speisequark wird übrigens in Berlin Weißkäse, in Hessen Sibbkäs, in Württemberg Luckeleskäs, in Baden Bibbeleskäs und in Österreich Topfen genannt. Er wird in den Fettstufen Magerquark (unter 10 % F. i. Tr.), halbfetter Quark (20 % F. i. Tr.) und Sahnequark (40 % F. i. Tr.). In Österreich gibt es darüber hinaus noch 10 %-igen Topfen sowie Bröseltopfen.

Quarkschmarrn mit Rosinen (300 kcal)

Für 3 Portionen

200 ml Milch
1 Beutel Kaiserschmarrn (z. B. von Mondamin)
100 g Magerquark
1 EL Orangensaft
1 TL Margarine
1 TL Rosinen, 1 TL Mandelsplitter

Außerdem:
100 g Frucht-Cocktail oder frische Früchte (Orangen, Physalis)
1 kräftige Prise Puderzucker

- Kalte Milch und Beutelinhalt zu einem glatten Teig rühren. Quark und Orangensaft unterrühren.
- Margarine in einer großen beschichteten Pfanne erhitzen. Teig hineingießen, Rosinen und Mandelsplitter darauf streuen und die untere Seite bei mittlerer Hitze 3–5 Minuten goldgelb backen.
- Den Teig vierteln, wenden und die zweite Seite ebenso backen. Den Quarkschmarrn mit zwei Pfannenwendern in kleine Stücke zerreißen und 1 Minuten weiterbacken.
- Den Quarkschmarrn mit Früchten garnieren und mit Puderzucker bestäuben.

Milchreis mit Pflaumen (400 kcal)

Für 3 Portionen

250 g frische Pflaumen
125 ml Wasser
1 Stück Zimtstange
1 EL Zucker
500 ml Milch
1 Beutel Milchreis (z. B. von Mondamin)
1 TL Zimt-Zucker

- Pflaumen waschen, halbieren und entkernen. 125 ml Wasser, Zimtstange und Zucker aufkochen; Pflaumen dazugeben und etwa 5 Minuten zugedeckt garen. Pflaumen abkühlen lassen.
- Milch aufkochen. Topf von der Kochstelle nehmen. Beutelinhalt Milchreis unter ständigem Rühren mit dem Schneebesen einstreuen und 1 Minute weiterrühren. Milchreis 10 Minuten stehen lassen.
- Milchreis nochmals durchrühren und auf Teller verteilen. Milchreis mit Pflaumen und Zimt-Zucker anrichten.

Tipp
Anstelle der frischen Pflaumen können Sie auch Pflaumen aus dem Glas (Abtropfgewicht 230 Gramm) verwenden.

Pudding Pfirsich Melba (300 kcal) (Foto)

Für 3 Portionen

500 ml Milch
1 Beutel Pudding Vanille-Geschmack (z. B. von Mondamin)
3 Pfirsichhälften aus der Dose
50 g Erdbeeren oder Himbeeren

- Milch sprudelnd aufkochen. Topf von der Kochstelle nehmen. Beutelinhalt für den Pudding unter ständigem Rühren mit dem Schneebesen einstreuen und mindestens 1 Minute kräftig rühren. Pudding 3 Minuten stehen lassen.
- Pudding nochmals durchrühren und in 3 flache Glasschälchen füllen. Je eine Pfirsichhälfte auf den Pudding setzen.
- Die Erdbeeren abbrausen, trockentupfen, entkelchen. Himbeeren nur abtupfen. Beeren pürieren und die Pfirsiche mit dem Püree überziehen.

Sonntagswaffeln (200 kcal)

Für 4 Waffeln (4 Portionen)

50 g Halbfettmargarine (z. B. Lätta)
1 knapp gehäufter EL Zucker (15 g)
1 Prise Vanillinzucker
1 Msp. Salz
2 Eier (KL. S)
75 g Weizenmehl (Type 405)
1 Msp. Backpulver
50 g Schlagsahne (30 % Fett)
1 EL Puderzucker

Außerdem:
100 g Rote Grütze (Fertigprodukt)

Tipp
Falls das Waffeleisen nicht beschichtet ist, muss es vorm Backen leicht eingefettet werden.

- Halbfettmargarine, Zucker, Vanillinzucker und Salz cremig rühren. Nach und nach die Eier zufügen, Mehl und Backpulver mischen und mit der Schlagsahne gleichmäßig unterrühren.
- Nacheinander in einem vorgeheizten beschichteten Waffeleisen bei mittlerer Hitze 4 Waffeln goldgelb backen.

- Die Waffeln nach dem Backen auf einem Gitter auskühlen lassen, zum Servieren leicht mit Puderzucker bestäuben.
- Die Waffeln mit Roter Grütze servieren.

Gefüllte Papaya mit Brunch-Nocken (200 kcal) (Foto Seite 3)

Für 2 Portionen

1 Papaya
1 Limone
150 g Ananas
100 g Erdbeeren
½ Schale Frischkäse mit Joghurt (z. B. Brunch)
½ TL Vanillinzucker

Tipp
Statt Limonenschale können Sie auch abgeriebene Schale einer unbehandelten Orange verwenden.

- Papaya halbieren, den Kern entfernen. Limone waschen, trockentupfen und die Schale abraspeln. Limone halbieren, Saft auspressen und über die Papayahälften träufeln.
- Ananas würfeln. Erdbeeren waschen, trockentupfen, entkelchen und in Scheiben schneiden. Früchte mischen und in die Papayahälften geben.
- Frischkäse und Vanillinzucker verrühren, mit 2 Teelöffeln Nocken abstechen und auf das Obst setzen. Abgeriebene Limonenschale darüber geben.

Zwetschgenknödel (300 kcal)

Für 1 Portion

156 g Kloßpulver einer Packung Knödel halb & halb (z. B. von Pfanni)
375 ml kaltes Wasser
4 kleine Zwetschgen
4 Stücke Würfelzucker (je 2,5 g)
2 l Wasser, 1 Prise Salz
1 EL Butter (15 g)
1 Prise Zucker
1 Msp. Zimt

- Kloßpulver in Wasser einrühren und 5 Minuten quellen lassen.
- Zwetschgen waschen, entsteinen und mit je einem Zuckerwürfel füllen. Aus dem Teig 4 Knödel formen, in die Mitte je eine gefüllte Zwetschge setzen und mit dem Teig verschließen.

- Salzwasser aufkochen, die Knödel zugeben und bei geringer Hitze etwa 20 Minuten gar ziehen lassen.
- In einer kleinen Pfanne Butter erhitzen und die Zwetschgenknödel damit anrichten; mit der Zucker-Zimt-Mischung bestreuen.

Kartoffelpuffer mit gedünsteten Birnen (400 kcal)

Für 6 Puffer (2 Portionen)

500 g feste Birnen
50 ml Apfelsaft
1 EL Zitronensaft
1 Stück Sternanis
½ Vanilleschote
½ Zimtstange
1 EL Zucker
1 Mandelblättchen
1 EL Keimöl
½ Packg. TK-Kartoffelpuffer

- Birnen schälen, vierteln, entkernen und in etwa fingerdicke Spalten schneiden. Mit Apfelsaft, Zitronensaft, Sternanis, ausgekratztem Vanillemark, Zimtstange und Zucker mischen und die Birnen etwa 15 Minuten bei mittlerer Hitze zugedeckt garen.
- Mandelblättchen in einer Pfanne ohne Fett goldgelb rösten.
- Keimöl in einer beschichteten Pfanne erhitzen, die Puffer nacheinander von beiden Seiten nach Packungsanweisung backen. Mit Alufolie abgedeckt warm stellen.
- Sternanis und Zimtstange aus dem Kompott entfernen; Birnenkompott mit Mandelblättchen bestreuen und zu den Puffern anrichten.

Crêpes mit Früchten (300 kcal) (Foto)

Für 1 Portion

25 g Mehl
100 ml fettarme Milch (1,5 % Fett)
1 Ei (KL. M), 1 Msp. Salz
1 TL zerlassenes Butterschmalz

Für die Füllung:
50 g Rote Grütze (Fertigprodukt)
1–2 frische Minzblättchen

Tipp
Wenn Sie eine große Pfanne nehmen, können Sie auch den gesamten Teig auf einmal hineingeben.

- Mehl, Milch, Ei und Salz und zu einem glatten Teig rühren. Etwa 30 Minuten ruhen lassen. Noch einmal durchrühren.
- Eine kleine, beschichtete Pfanne mit Butterschmalz ausstreichen. Etwas Teig in die heiße Pfanne geben, verlaufen lassen. Sobald die Ränder goldgelb werden, den Crêpe umdrehen und die zweite Seite ebenfalls goldgelb werden lassen. Mit den anderen Crêpes ebenso verfahren.
- Zum Anrichten die Crêpes mit der Roten Grütze füllen, aufrollen und mit Minzblättchen garnieren.

Apfelschnee (100 kcal)

Für 1 Portion

1 säuerlicher Apfel (150 g)
5–7 Tropfen Süßstoff
1 TL Zitronensaft
1 Eiweiß

- Backofen auf 200 °C (Umluft 180 °C, Gas Stufe 3 ½) vorheizen.
- Apfel waschen, trockentupfen und im vorgeheizten Backofen etwa 20 Minuten backen, bis die Schale beginnt zu platzen. Apfel durch ein Sieb rühren, mit Zitronensaft und Süßstoff verrühren.
- Das Eiweiß sehr steif schlagen, mit dem Apfelmus verrühren, weitere 10 Minuten schlagen. Für 15 Minuten in den Kühlschrank stellen.

Übrigens
Marsala ist ein Dessertwein aus verschiedenen sizilianischen Weißweinen. Es gibt ihn als dolce (süß) oder secco (trocken). Sein Alkoholgehalt liegt bei etwa 18 Volumenprozent.

Zabaione (200 kcal)

Für 1 Portion

2 Eigelb (Kl. M)
10 g Puderzucker
50 ml Südwein (Marsala oder Sherry)

- Eigelb, gesiebten Puderzucker und Südwein in einer Schüssel mischen. Die Schüssel in einen mit heißem Wasser gefüllten Topf stellen und die Eiermasse mit dem Handrührgerät (Schneebesen) dickschaumig schlagen.
- Schüssel herausnehmen, in ein kaltes Wasserbad stellen und weiterschlagen, bis die Masse erkaltet ist. Die Masse in ein Glas geben und warm oder gekühlt servieren.

Schokoladengelee mit Schlagsahne (200 kcal)

Für 1 Portion

2 Blatt weiße Gelatine
125 ml Vollmilch
1 Stückchen unbehandelte Orangenschale
1 TL Kakao, stark entölt
6 Tropfen Süßstoff
2 EL geschlagene Sahne

- Gelatine in kaltem Wasser einweichen.
- Vollmilch und Orangenschale aufkochen, Kakao mit dem Süßstoff verrühren und in die Milch rühren.
- Gelatine tropfnass in einem kleinen Topf bei leichter Hitze auflösen und in die Kakaomilch rühren. In ein Schälchen geben und im Kühlschrank erstarren lassen.
- Mit Schlagsahne garniert servieren.

Erdbeerschaum (100 kcal)

Für 1 Portion

1 Blatt weiße Gelatine
½ Packg. TK-Erdbeeren
(oder 125 g frische Früchte)
1 EL Zitronensaft
1 Msp. abgeriebene Schale einer unbehandelten Zitrone
1 TL Streusüße (Süßstoff)
1 Eiweiß

- Gelatine in kaltem Wasser einweichen, tropfnass in einem kleinen Topf bei leichter Hitze auflösen. Aufgetaute Erdbeeren pürieren.
- Restliche Zutaten mit dem Schneebesen (Handrührgerät) schaumig rühren. Flüssige Gelatine unter Schlagen zugeben, den Erdbeerschaum in ein Glas geben und kalt stellen.

Zitronencreme (100 kcal)

Für 1 Portion

1 Blatt weiße Gelatine
1 Ei (Kl. M)
Schale und Saft von
½ unbehandelter Zitrone
6 Tropfen Süßstoff

- Gelatine in kaltem Wasser einweichen.
- Ei, etwas abgeriebene Zitronenschale, Zitronensaft und den Süßstoff in einem Topf im Wasserbad oder bei ganz leichter Hitze in einem Topf auf dem Herd so lange schlagen, bis die Masse dickschaumig ist.
- Die Gelatine tropfnass in einem kleinen Topf bei leichter Hitze auflösen, in die Zitronenmasse geben und weiterschlagen, bis die Creme abgekühlt ist. Die Masse in ein Glas geben und im Kühlschrank völlig erstarren lassen.

Tipp
Gelatine ist ein tierischer Gelierstoff, und ist als Blattgelatine oder in Pulverform, in weiß und rot erhältlich. Die Menge der Gelatine bestimmt die Gelierzeit und Festigkeit. Generell gilt: Für ½ Liter Flüssigkeit werden 6 Blatt Gelatine oder 1 Tüte gemahlene Gelatine verwendet.

Grießflammeri mit Beerensauce (400 kcal) (Foto)

Für 2 Portionen

2 Blatt weiße Gelatine
500 ml Milch
1 Beutel Grießbrei (z. B. von Mondamin)
125 g TK-Beerenmischung
1 EL Puderzucker
1 Zweig Minze

Variante
Statt der TK-Beerenmischung können Sie auch TK-Himbeeren oder TK-Erdbeeren verwenden. Im Sommer sind frische Beeren aromastark.

- Gelatine in etwas kaltem Wasser einweichen. Grießbrei nach Packungsanweisung zubereiten. Gelatine ausdrücken und unter den heißen Grießbrei rühren.
- Eine Puddingform (für ½–1 l Flüssigkeit) kalt ausspülen und den Grießbrei einfüllen. Bis zum Stürzen etwa 2 Stunden kalt stellen.
- Beeren auf ein Sieb geben und auftauen lassen. Flüssigkeit auffangen und mit der Hälfte der Früchte in eine Schüssel geben. Puderzucker zufügen und mit dem Pürierstab fein pürieren. Restliche Früchte unterheben.
- Den Grießflammeri aus der Form stürzen, mit der Beerensauce anrichten und mit abgezupften Minzeblättchen garnieren.

Milchreis mit Erdbeeren (300 kcal)

Für 3 Portionen

250 g Erdbeeren
500 ml Milch
1 Beutel Milchreis (z. B. von Mondamin)
2 EL geschlagene Sahne

- Erdbeeren abbrausen, trockentupfen, entkelchen und halbieren.
- Milch aufkochen. Topf von der Kochstelle nehmen. Beutelinhalt Milchreis unter ständigem Rühren mit dem Schneebesen ein-

streuen und 1 Minute weiterrühren. Den Milchreis noch etwa 10 Minuten ausquellen lassen.

- Milchreis nochmals durchrühren, auf Teller verteilen und mit Erdbeeren anrichten. Mit der Sahne garnieren.

Kleine kalte Gerichte

Zum Kombinieren für Mittag und Abend

Farmers Wraps (200 kcal) (Foto)

Für 2 Portionen

Für die Pfannkuchen:
40 g Mehl
1 Prise Salz
1 Msp. Cayennepfeffer
75 ml Mineralwasser
1 Ei (Kl. M)

4 Salatblätter
2 TL Pflanzenöl
60 g kalorienreduzierte Apfel-Zwiebel-Leberwurst
50 g kalorienreduzierter Farmersalat

- Mehl, Salz, Cayennepfeffer, Mineralwasser und Ei verrühren und 20 Minuten ruhen lassen.
- Salatblätter abbrausen, trockenschwenken und in feine Streifen schneiden.
- Öl erhitzen, aus dem Teig 2 Pfannkuchen backen und abkühlen lassen. Die Pfannkuchen mit der Leberwurst bestreichen, grünen Salat und Farmersalat darauf verteilen und aufrollen.

Tipp
Für Eilige: Fertig gekaufte Wraps aus dem Kühlregal verwenden.

Mischbrot mit Ei und Krabben (300 kcal)

Für 1 Portion

40 g kalorienreduzierter Krabbensalat, 1 TL Zitronensaft
Salz, Cayennepfeffer
1 Scheibe Mischbrot (45 g)

1 hart gekochtes Ei (Kl. S)
3 Stangen gegarter grüner Spargel (100 g)
1 TL TK-Schnittlauch

- Krabbensalat mit Zitronensaft, Salz und Cayennepfeffer würzen. Brotscheibe mit dem Salat belegen, halbieren, eine Hälfte mit Eischeiben, die andere mit Spargelstücken belegen und mit Schnittlauch bestreuen.

Tipp
Grünen Spargel durch weiße Spargelstücke aus der Dose ersetzen.

Scharfer Eier-Maissalat (200 kcal) (Foto)

Für 1 Portion

70 g Mais (Dose), 2 Tomaten
1 kleine Frühlingszwiebel
1 TL TK-Knoblauch, gewürfelt
50 g kalorienreduzierter Eiersalat
1 Tropfen Tabascosauce
3 Tropfen Zitronensaft
Salz
schwarzer Pfeffer
2 Salatblätter
3 Stiele Koriander

Tipp
Frühlingszwiebeln aus dem Asienladen sind besonders knackig und klein.

- Mais gut abtropfen lassen. Tomaten waschen, entkernen und würfeln.
- Frühlingszwiebel waschen, in feine Ringe schneiden. Mit Mais und Knoblauchwürfeln unter den Eiersalat heben. Mit Tabascosauce, Zitronensaft, Salz und Pfeffer abschmecken.
- Salatblätter abbrausen, in mundgerechte Stücke zupfen und den Eier-Maissalat darauf anrichten. Mit Koriander garnieren.

Ziegenkäse mit Melone (300 kcal)

Für 2 Portionen

375 g Wassermelone
2 EL Balsamico-Essig
2 EL Olivenöl
Salz
frisch gemahlener weißer Pfeffer
80 g Ziegengouda

Variante
Statt Ziegengouda schmeckt auch Parmesan oder Ziegenfrischkäse.

- Melonenfleisch auslösen. Fruchtfleisch würfeln, dabei die Kerne entfernen. Melonenwürfel auf zwei Tellern anrichten.
- Balsamico-Essig, Öl, Salz und Pfeffer verrühren. Die Melonenstücke damit beträufeln und kurz ziehen lassen.
- Ziegengouda hobeln und über die Melonenstücke verteilen.

Nudelsalat mit Cervelatwurst und Spargel (300 kcal)

Für 1 Portion

40 g Nudeln (z. B. Penne), Salz
100 g grüner Spargel
40 g Kirschtomaten
2 EL Balsamico-Essig
schwarzer Pfeffer aus der Mühle
1 TL Olivenöl
5 schwarze Oliven
20 g kalorienred. Camembert
25 g kalorienreduzierte
Cervelatwurst, Basilikumblätter

- Nudeln nach Packungsanweisung bissfest garen. Spargel putzen, in Salzwasser 5–7 Minuten garen, abgießen, 5 Esslöffel Kochwasser beiseite stellen, Spargel in Stücke schneiden.
- Kirschtomaten halbieren. Balsamico-Essig, Spargelwasser, Salz, Pfeffer und Olivenöl verrühren.
- Nudeln, Spargelstücke, Tomaten und Oliven mit dem Dressing mischen.
- Camembert in Stücke, Cervelatwurst in Streifen schneiden, beides unter den Salat heben. Mit Basilikumblättern bestreuen.

Tipp

Grünen Spargel gibt es als TK-Produkt. Statt Cervelatwurst schmeckt auch kalorienreduzierte Geflügelmortadella.

Tipp
Die Crostini sind auch ein tolles Rezept für Gäste.

Crostini mit Kerbel-Lebercreme (200 kcal)

Für 1 Portion

1½ Scheiben Vollkorntoastbrot
60 g kalorienreduzierte Leberwurst
1 gestr. TL Halbfettbutter
½ TL TK-Zwiebeln, gewürfelt
6 Stiele Kerbel
3–4 rosa Pfefferkörner

- Toastscheiben goldgelb rösten. Leberwurst, Halbfettbutter und Zwiebelwürfel verrühren.
- Kerbelblättchen, bis auf einige Blättchen zum Garnieren, fein hacken und unter die Lebercreme mischen.
- Die Creme auf die Brote streichen, Toastscheiben diagonal in Dreiecke schneiden. Mit restlichem Kerbel garnieren.
- Pfefferkörner zerdrücken und über die Toastecken verteilen.

Tipp
Gemüsefond aus dem Glas lässt sich 1–2 Tage im Kühlschrank aufbewahren und kann auch für andere Gerichte verwendet werden.

Knusperscheiben mit Gemüsesalsa (200 kcal)

Für 1 Portion

60 g Champignons
2 TL Oliven ohne Stein
1 TL Olivenöl
1 TL TK-Zwiebeln, gewürfelt
25 ml halbtrockener Weißwein
Salz
frisch gemahlener weißer Pfeffer
20 g Rucola
25 ml Gemüsefond (Glas)
2 EL stückige Tomaten (Packg. oder Dose)
1 EL Balsamico-Essig
80 g Knusperscheiben Weizen (z. B. Leicht & Cross)

- Champignons putzen und fein schneiden. Oliven würfeln.
- Olivenöl in einer beschichteten Pfanne erhitzen. Zwiebelwürfel zugeben, zugedeckt glasig dünsten. Oliven, Pilze und Wein zugeben und so lange dünsten, bis die Flüssigkeit verdampft ist. Alles abkühlen lassen. Leicht mit Salz und Pfeffer würzen.

- Rucola abbrausen, trockenschwenken und fein schneiden. Mit den Tomatenwürfeln unter die Pilze heben. Den Gemüsefond zugeben. Alles mit Balsamico-Essig, Salz und Pfeffer würzen. Die Salsa zu den Knusperscheiben anrichten.

Birnen-Bohnen-Salat mit Schinken (300 kcal)

Für 2 Portionen

200 g Brechbohnen
Salz
1 kleine reife Birne (125 g)
30 g Katenschinken
120 g Kidneybohnen (Dose)
½ Beutel Salatsauce, französisch
(z. B. Salatkrönung von Knorr)
6 EL Wasser
3 EL Keimöl
½ Beutel Brotcroutons
(z. B. Salatkrönung Croutinos mit Speck und Apfel)

Tipp
Besonders ballststoffreich: Croutinos mit Walnuss und Sojakernen.

- Bohnen putzen, waschen und in Salzwasser 5-8 Minuten garen. In eiskaltem Wasser abschrecken. Bohnen ein- bis zweimal durchschneiden.
- Birne vierteln und entkernen. Birnenviertel in Spalten schneiden. Schinken würfeln, die Kidneybohnen auf einem Sieb abtropfen lassen.
- Beutelinhalt der Salatkrönung in eine Schüssel geben und mit Wasser und Keimöl verrühren.
- Bohnen, Birnenspalten und Schinkenwürfel mit der Salatsauce mischen und etwa 10 Minuten durchziehen lassen. Croutinos in einer Pfanne ohne Fett goldgelb rösten und über den Salat streuen.

Schweizer Wurstsalat (300 kcal)

Für 1 Portion

1 kleiner Apfel
1 Zwiebel
1 Gewürzgurke
je 1 Scheibe kalorienreduzierter Gouda-Käse, Gemüse-Putenwurst und Fleischwurst
1 TL Balsamico-Essig
3 EL Wasser
Salz
frisch gemahlener weißer Pfeffer
1 Msp. Dijon-Senf
1 TL Pflanzenöl
2 TL TK-Petersilie
1 Scheibe Knäckebrot, extra dünn

Tipp
Statt einfachen Dijon-Senf können Sie auch Dijon-Senf mit Schalotten oder Meerrettich verwenden.

- Apfel waschen, entkernen und würfeln. Zwiebel pellen und in Streifen schneiden. Gewürzgurke, Käse und Wurst in dünne Streifen schneiden.
- Balsamico-Essig, Wasser, Salz, Pfeffer, Senf und Petersilie verrühren und mit den Zutaten mischen. Knäckebrot dazu essen.

Zuckerschotensalat mit Salami (200 kcal)

Für 2 Portionen

30 g Wildreis, Salz
40 g rote Linsen
50 g Zuckerschoten
1 EL kalorienreduzierter Orange-Grapefruit-Aufstrich
1 Msp. Sambal Oelek
Saft von 1 Zitrone
frisch gemahlener weißer Pfeffer
30 g kalorienreduzierte Salami
einige Kerbelblättchen

Variante
Etwas milder wird der Salat mit kalorienreduziertem Aufschnitt, bestehend aus Lyoner und Kaiserjagdwurst.

- Wildreis nach Packungsanweisung garen, abtropfen lassen.
- Linsen 4–5 Minuten garen, abgießen (2–3 Esslöffel Flüssigkeit für die Salatsauce abnehmen), kalt abbrausen und abtropfen lassen.
- Zuckerschoten putzen, 2–3 Minuten blanchieren, abgießen, kalt abbrausen und abtropfen lassen.

- Orange-Grapefruit-Fruchtaufstrich, Sambal Oelek und Zitronensaft verrühren. Etwas Linsenkochwasser einrühren, mit Salz und Pfeffer würzen.
- Salamischeiben in grobe Streifen schneiden.
- Alle Salatzutaten mit der Salatsauce mischen. Mit Kerbel garnieren.

Löwenzahnsalat mit Brunnenkressesauce (200 kcal)

Für 1 Portion

60 g junge Löwenzahnblätter
30 g Mandarinen (Dose)
50 g Tiefseekrabben
25 g Brunnenkresse
50 g Sahne-Dickmilch (10 % Fett)
1 TL Zitronensaft
Salz
frisch gemahlener weißer Pfeffer
1 EL Tomatenketchup

- Löwenzahnblätter abbrausen, trocken schwenken. Mandarinen und Krabben mischen.
- Brunnenkresse abbrausen und fein hacken. Sahne-Dickmilch, Zitronensaft, Gewürze und Ketchup verrühren.
- Die Löwenzahnblätter in eine Schale geben, die Mandarinen-Krabbenmischung darüber verteilen. Die Brunnenkressesauce obenauf verteilen.

Tipp

Für ein Gäste-Essen als Vorspeise geeignet. Noch dekorativer wird der Salat, wenn Sie einige essbare Blüten darauf setzen, z. B. die der Kapuzinerkresse.

California-Bagel mit Gemüse-Putenbrust (200 kcal)

Für 1 Portion

1 Sesam-Bagel
10 g kalorienreduzierter Brotaufstrich mit Joghurt
1 Salatblatt
30 g frische Ananas
1 Scheibe kalorienreduzierter Gouda
25 g kalorienreduzierte Gemüse-Putenbrust
5 g Alfalfasprossen

- Bagel waagerecht aufschneiden und mit Joghurt-Brotaufstrich bestreichen. Auf die untere Bagelhälfte ein Salatblatt legen.
- Ananas klein schneiden. Auf dem Salatblatt Ananas, Gouda, Gemüse-Putenbrust und Sprossen verteilen. Die obere Bagelhälfte darauf setzen.

Gazpacho (300 kcal)

Für 2 Portionen

200 g Salatgurke
1 Knoblauchzehe
1 Packg. stückige Tomaten mit Zwiebel (z. B. Tomato al gusto)
1 ½ EL Keimöl
1 Zwiebel
1 kl. grüne Paprikaschote (160 g)
1 Tomate

- Salatgurke schälen und in Stücke schneiden. Knoblauchzehe pellen und fein hacken. Mit den stückigen Tomaten im Mixer pürieren, Keimöl einrühren. Suppe 30 Minuten kühl stellen.
- Zwiebel pellen, Paprikaschote waschen, vierteln, entkernen und fein würfeln.
- Tomate waschen, Stielansätze und Kerne entfernen und ebenfalls sehr fein würfeln.
- Zum Anrichten die Tomaten- und Paprikaschotenwürfel in die Suppe geben.

Tipp
Die doppelte oder dreifache Menge zubereiten, portionsweise (ohne die rohen Gemüsewürfel) einfrieren und bei Bedarf auftauen.

Knusperwellen mit Frischkäse-Dip (200 kcal)

Für 1 Portion

5-6 Kirschtomaten
120 g körniger Frischkäse
2 EL Magermilch-Joghurt (0,3 % Fett)
1 TL TK-Basilikum
Salz
frisch gemahlener weißer Pfeffer
20 Knusperwellen
(z. B. von Leicht & Cross)

Tipp
Lässt sich auch gut für ein Party-Buffet zubereiten. Mengen dann einfach vervielfachen.

- Kirschtomaten waschen, vierteln und würfeln. Körnigen Frischkäse, Magermilchjoghurt und Basilikum verrühren.
- Tomatenwürfel unterheben. Alles mit Salz und Pfeffer würzen. Den Dipp mit den Knusperwellen anrichten.

Knusperbruschetta mit Frischkäse (200 kcal)

Für 2 Portionen

½ kleine rote Paprikaschote
4 schwarze Oliven ohne Stein
1 kleine feste Tomate
½ TL TK-Basilikum
Salz
frisch gemahlener weißer Pfeffer
150 g kalorienreduzierter Frischkäse
8 Knusperscheiben Weizen
(z. B. von Leicht & Cross)

Variante
Sie können ganz nach Ihrem Geschmack auch eine andere Frischkäsesorte verwenden – nur kalorienreduziert sollte sie sein.

- Paprikaschotenhälfte fein würfeln, die Oliven in feine Scheiben schneiden. Tomate waschen, trockentupfen, vierteln und entkernen. Tomatenstücke würfeln. Alles mit Basilikum mischen. Mit wenig Salz und Pfeffer abschmecken.
- Frischkäse mit wenig Pfeffer würzen und auf die Knusperscheiben streichen. Gemüsemischung darauf verteilen.

Vollkornbrot mit Quarkaufstrich (200 kcal) (Foto)

Tipp
Diese Mischungen eignen sich auch als Dip zu knackigem Gemüse oder gekochten Pellkartoffeln.

Für 1 Portion

1 EL saure Sahne
60 g Magerquark
1 TL TK-Schnittlauch
½ TL TK-Zwiebeln, gewürfelt
1 Msp. Dijon-Senf
Salz, weißer Pfeffer
2 Tropfen Zitronensaft
1 TL Forellen-Kaviar
1 kleine Scheibe kalorienreduzierter Lachsschinken
½ TL eingelegter grüner Pfeffer
1 Scheibe Vollkornbrot (45 g)

- Saure Sahne und Magerquark verrühren und dritteln. Ein Drittel mit Schnittlauch, Senf, Salz und Pfeffer würzen. Das zweite Drittel mit Zitronensaft würzen und mit dem Forellen-Kaviar garnieren. Das dritte Drittel Quarkmasse mit fein gewürfeltem Lachsschinken und zerdrücktem grünem Pfeffer mischen.
- Quarkmischungen auf die gedrittelte Brotscheibe streichen.

Rucola mit Ziegenkäse und Roter Bete (300 kcal)

Variante
Statt Ziegengouda können Sie auch grob gehobelten Parmesankäse verwenden.

Für 1 Portion

100 g Rucola
1 kleiner Apfel
50 g Rote-Betescheiben (Glas)
2 EL Weißweinessig
2 EL Wasser
Salz
frisch gemahlener weißer Pfeffer
1 Prise Zucker
1 EL Pflanzenöl
30 g Ziegengouda, grob gerieben

- Rucola abbrausen, trockenschwenken. Apfel waschen, entkernen und würfeln. Rote Bete abtropfen, nach Belieben klein schneiden.
- Essig, Wasser, Gewürze und Öl verrühren und die Apfelstücke unterheben. Rote Bete und Rucola auf einem Teller anrichten, die Marinade darüber geben. Käse darüber streuen.

Vollkorn-Sandwich mit Salami-Käsecreme (300 kcal)

Für 1 Portion

2 Scheiben Vollkornbrot (je 30 g)
30 g Rucola
15 g kalorienreduzierte Salami
1 Stück getrocknete Tomate
50 g kalorienreduzierter Frischkäse
15 g geriebener Parmesan
Salz
frisch gemahlener weißer Pfeffer
1 TL Balsamico-Essig

Tipp
Ein Salatblatt zusätzlich zwischen die Brotscheiben gelegt macht den Biss knackiger.

- Vollkornbrot leicht rösten. Rucola abbrausen, trockentupfen, auf einer Brotscheibe verteilen. Salami fein würfeln. Getrocknete Tomate fein schneiden. Frischkäse, Salamiwürfel, Parmesan und Tomatenstücke mischen, mit Salz, Pfeffer und Balsamico-Essig würzen.
- Frischkäsemischung auf die Brote verteilen. Mit der zweiten Scheibe abdecken und diagonal halbieren.

Scharfe Melonensuppe (200 kcal)

Für 1 Portion

300 g Honigmelone
125 ml Gemüsebrühe (Instant)
2 EL süß-scharfe Sauce (Flasche)
2 EL Zitronensaft, Salz
frisch gemahlener weißer Pfeffer
1 Prise Zucker
1 Msp. Cayennepfeffer
2 frische Minzblätter

- Melonenfleisch von der Schale lösen, Kerne entfernen. Fruchtfleisch würfeln und in der Gemüsebrühe erhitzen. 5 Minuten köcheln lassen, dann fein pürieren. Süß-scharfe Sauce einrühren.
- Suppe erkalten lassen und im Kühlschank 20 Minuten kühlen, dann mit Zitronensaft, Salz, Pfeffer, Zucker und Cayennepfeffer würzen. Zum Servieren mit Minzblättern garnieren.

Crostini mit Leberwurst und Zwiebelsalat (200 kcal) (Foto)

Für 1 Portion

2 rote Zwiebeln
1 EL kalorienreduzierter Fruchtaufstrich Waldbeere
1 TL Balsamico-Essig
Salz
frisch gemahlener weißer Pfeffer
1 Prise Zucker
2 Zweige frischer Thymian
30 g kalorienred. Kalbsleberwurst
2 dünne Brötchenscheiben

- Zwiebeln pellen und in feine Ringe schneiden. Fruchtaufstrich, Balsamico-Essig und 1 Esslöffel Wasser aufkochen. Zwiebelringe zugeben und bei kleiner Hitze etwa 1 Minute zugedeckt kochen. Mit Salz, Pfeffer und Zucker würzen, abkühlen lassen.
- Die Hälfte der Thymianblättchen abzupfen und unter die Leberwurst rühren.
- Die Brotscheiben goldgelb rösten, mit der Leberwurst bestreichen. Zwiebelsalat darauf verteilen und mit restlichem Thymian garnieren.

Tipp
Es lohnt sich von den Zwiebeln die drei- oder vierfache Menge zuzubereiten. Sie können sie im Kühlschrank 2–3 Tage aufbewahren und je nach Appetit als Beilage zu anderen Gerichten verwenden.

Kleine warme Gerichte

Mittags oder abends zu essen (200 und 300 kcal)

Rucola-Cremesuppe (200 kcal) (Foto)

Für 1 Portion

50 g Rucola
1 TL Halbfettbutter
1 TL TK-Zwiebeln, gewürfelt
100 g Frischkäse mit Kräutern
180 ml Gemüsebrühe (Instant)
2-3 Tropfen Zitronensaft
Salz
frisch gemahlener weißer Pfeffer
2 Scheiben kalorienreduzierte Salami

- Rucola putzen, waschen, trockentupfen und in feine Streifen schneiden.
- Halbfettbutter zerlassen, die Zwiebelwürfel darin andünsten, Rucola (bis auf 1 Esslöffel) zufügen und unter Wenden dünsten, den Frischkäse zufügen und schmelzen lassen. Mit Gemüsebrühe aufgießen, aufkochen und 4 Minuten köcheln lassen. Alles mit dem Pürierstab zerkleinern. Mit Zitronensaft, Salz und Pfeffer würzen.
- Salami in Streifen schneiden und mit den restlichen Rucolablätttern auf der Suppe anrichten.

Variante
Statt Rucola können Sie auch Spinat- oder Brunnenkresseblätter verwenden.

Birnen-Toast (300 kcal)

Für 1 Portion

1 Scheibe Toastbrot
½ Birne (Dose) oder 1 frische Birne
70 g gekochter Schinken
2 Scheiben (40 g) Schnittkäse (20 % Fett)

- Toastbrot von beiden Seiten rösten. Die längs aufgeschnittene Birne darauf legen. Mit Schinken und Käse belegen.
- Toast unter dem vorgeheizten Grill etwa 5 Minuten überbacken.

Variante
Sie können die Birne durch eine Scheibe Ananas aus der Dose ersetzen.

Variante
Statt der Zucchini können Sie auch eingelegte Gurke, Senf- oder Gewürzgurkenscheiben verwenden.

Wurst-Fleisch-Spieß (200 kcal)

Für 1 Portion

75 g Putenbrustfilet
1 kleine Zwiebel
30 g Champignons
100 g Zucchini
1 kalorienreduziertes Würstchen
1 mittelgroßes Lorbeerblatt
½ TL grüner Pfeffer, zerdrückt
1 TL Pflanzenöl
125 g stückige Tomaten (Packg. oder Dose), Salz
frisch gemahlener weißer Pfeffer
Paprika edelsüß
Cayennepfeffer
2 TL TK-Italienische Kräuter

- Putenbrustfilet waschen, trockentupfen und in mundgerechte Stücke schneiden.
- Zwiebel pellen und in Spalten teilen. Champignons putzen. Zucchini in Scheiben schneiden. Würstchen in etwa 4 Zentimeter lange Stücke schneiden. Alle Zutaten abwechselnd mit kleinen Lorbeerstücken auf einen Spieß stecken.
- Grünen Pfeffer und Öl verrühren. Die Zutaten damit bestreichen, auf einen mit Folie belegten Rost legen und unter dem vorgeheizten Grill im Backofen etwa 7 Minuten grillen. Zwischendurch wenden.
- Tomaten aufkochen, mit Salz, Pfeffer, Paprika und Cayennepfeffer pikant würzen, mit den Kräutern bestreuen und zu dem Spieß anrichten.

Pfifferling-Salami-Toast (200 kcal)

Für 1 Portion

1 kleine Frühlingszwiebel
125 g kleine Pfifferlinge
1 EL Olivenöl, Salz
frisch gemahlener weißer Pfeffer
1 Scheibe Vollkorntoast
2 TL Brotaufstrich (24 % Fett)
6 Scheiben kalorienreduzierte Salami (30 g)

2 TL saure Sahne (10 % Fett)
1 TL TK-Schnittlauch
Paprika edelsüß

- Frühlingszwiebel putzen, waschen, klein schneiden. Pilze putzen und in Olivenöl unter Wenden 5–8 Minuten (je nach Größe) braten, Frühlingszwiebel zugeben, salzen und pfeffern.
- Toastbrot rösten, mit Brotaufstrich bestreichen, Salami darauf legen. Pilze, saure Sahne darüber geben und mit Schnittlauch und Paprika bestreuen.

Fleischwurst auf Ratatouille (200 kcal)

Für 2 Portionen

100 g kalorienreduzierte Fränkische Fleischwurst (z. B. von Du darfst)
4 kleine Zweige Rosmarin
je ½ rote und gelbe Paprikaschote
1 kleine Zucchini
2 mittelgroße Tomaten
2 TL Olivenöl
1 TL TK-Zwiebeln, gewürfelt
1 TL TK-Knoblauch, gewürfelt
Salz
frisch gemahlener weißer Pfeffer
etwas abgeriebene Schale einer unbehandelten Zitrone

- Fleischwurst in 4 Scheiben schneiden. Je einen Rosmarinzweig in die Mitte der Scheiben stecken.
- Gemüse waschen, die Paprikaschoten entkernen. Alles in kleine Stücke schneiden.
- 1 Teelöffel Olivenöl erhitzen, die Zwiebel- und Knoblauchwürfel darin glasig dünsten. Gemüsestücke zufügen, kurz anbraten und zugedeckt bei kleiner Hitze etwa 6–8 Minuten dünsten. Mit Salz, Pfeffer und Zitronenschale würzen.
- Restliches Olivenöl erhitzen und die Fleischwursttaler darin anbraten. Mit Pfeffer würzen und auf dem Gemüse anrichten.

Variante
Auch mit einer halben Packung TK-Pfannengemüse französisch kann dieses Gericht schnell zubereitet werden.

Tipp
Statt Kartoffelkloßmehl können Sie auch fertigen Kartoffelteig für rohe Klöße verwenden, den gibt's bei vielen Geschäften im Kühlregal. Außerdem können Sie das Gemüse auch durch TK-Suppengemüse ersetzen.

Gemüsesuppe mit Mandelklößchen (200 kcal) (Foto)

Für 2 Portionen

15 g gehackte Mandeln
½ Packg. Kartoffelkloßmehl roh (Fertigpackung, 60 g)
250 ml Wasser
Salz
geriebene Muskatnuss
1 kleiner Kohlrabi (150 g)
1 kleine Stange Lauch (50 g)
250 g Spitzkohl
1 EL Pflanzenöl
frisch gemahlener weißer Pfeffer
375 ml klare Fleischbrühe (Instant)
40 g TK-Erbsen
frischer Kerbel

- Mandeln in einer Pfanne ohne Fett goldgelb rösten, herausnehmen und abkühlen lassen.
- Das Kartoffelkloßmehl nach Packungsanweisung anrühren und mit den gehackten Mandeln verrühren, mit Salz, Pfeffer und Muskatnuss würzen. Den Teig nach Packungsanweisung quellen lassen.
- Kohlrabi, Lauch und Spitzkohl waschen. Kohlrabi schälen und in Stifte, Lauch und Spitzkohl in Streifen schneiden.
- Salzwasser in einem Topf aufkochen. Aus dem Kartoffelteig mundgerechte Klößchen formen. Ins kochende Salzwasser geben und 3–5 Minuten ziehen lassen, nicht mehr kochen. Fertige Klößchen herausnehmen und warm stellen.
- Öl in einem Topf erhitzen; Kohlrabi und Lauch darin 5 Minuten zugedeckt dünsten, mit Brühe aufgießen und weitere 5 Minuten zugedeckt garen. Spitzkohl und Erbsen zugeben und nochmals 3 Minuten ziehen lassen. Mit Salz und Pfeffer würzen.
- Die Klößchen in die Suppe geben, mit Kerbel garnieren.

Krabbentoast (300 kcal)

Für 1 Portion

1 Scheibe Vollkorntoastbrot
1 Tomate
Salz
frisch gemahlener weißer Pfeffer
1 EL TK-Petersilie
80 g Nordseekrabben
1 Scheibe kalorienreduzierter Gouda

Variante
Die Nordseekrabben können Sie ganz nach Geschmack auch durch Tiefseekrabben ersetzen.

- Backofen auf 200 °C (Umluft 180 °C, Gas Stufe 3 ½) vorheizen.
- Brot leicht rösten. Tomate waschen, Stängelansatz entfernen und die Tomate in Scheiben schneiden.
- Tomatenscheiben auf das Brot legen, salzen, pfeffern und mit Petersilie bestreuen. Krabben darüber geben, mit Käse belegen und im vorgeheizten Backofen, mittlere Schiene, überbacken.

Brokkoli-Garnelen-Pfanne (300 kcal)

Für 1 Portion

100 g küchenfertiges Tiefsee-garnelenfleisch
300 g Brokkoli
1 getrocknete Tomate in Öl
1 TL TK-Knoblauch, gewürfelt
Salz
frisch gemahlener weißer Pfeffer
1 EL TK-Petersilie
1 TL Kapern
½ TL Pinienkerne (10 g)
Cayennepfeffer
2 Scheiben Knusperbrot Roggen (z. B. von Leicht & Cross)

- Garnelen abspülen, trockentupfen. Brokkoli in kleine Röschen teilen. Getrocknete Tomate fein würfeln. Mit Knoblauch und Brokkoli in 2 Esslöffeln Wasser 4 Minuten garen. Garnelen zufügen, weitere 2 Minuten garen, mit Salz und Pfeffer würzen.
- Petersilie und Kapern unter die Brokkoli-Garnelen-Mischung geben. Mit Cayennepfeffer würzen. Mit Knusperbrot anrichten.

Geflügelspieße mit Minzsauce (200 kcal)

Für 2 Portionen

150 g Hähnchenbrustfilet
2 getrocknete Aprikosen
50 g Paprikaschote
50 g Zucchini
1 TL cholesterinfreies Pflanzenöl
(z. B. von Becel Diät 3-Pflanzenöl)
Salz
frisch gemahlener weißer Pfeffer
50 g Brotaufstrich
(z. B. von Becel Crema Pur)
50 ml Buttermilch
1 TL TK- Knoblauch, gewürfelt
3 Stiele frische Minze

Tipp
Statt Geflügelfleisch können Sie für die Spieße auch 120 g Lammfilet verwenden.

- Hähnchenbrustfilet in Stücke schneiden. Aprikosen halbieren, Paprikaschote und Zucchini putzen, auch in Stücke schneiden.
- Die Zutaten abwechselnd auf 2 Spieße stecken. Mit Salz und Pfeffer würzen. Mit Pflanzenöl bestreichen. Auf ein mit Alufolie ausgelegtes Backblech legen und im vorgeheizten Backofen bei 220 °C (Umluft 200 °C, Gas Stufe 4 ½) etwa 15–20 Minuten grillen. Zwischendurch wenden.
- Brotaufstrich, Buttermilch, Knoblauch- und Zwiebelwürfel und geschnittene Minzblättchen verrühren und zu den Geflügelspießen anrichten.

Variante
Wenn Sie's pikanter lieben, ersetzen Sie den Mozzarella-Käse durch 1 Scheibe mittelalten Gouda-Käse.

Knusper-Schnitzel-Schnitte (300 kcal)

Für 2 Portionen

4 kleine Frühlingszwiebeln (50 g)
150 g Magerquark
2–4 EL Magermilch
Salz
frisch gemahlener weißer Pfeffer
2 Schweineschnitzel (à 80 g)
1 EL Sonnenblumenöl
2 kleine Strauchtomaten (100 g)
2 Scheiben Mozzarella (40 g)
4 Scheiben Knusperbrot Weizen

- Frühlingszwiebeln putzen, waschen und in Ringe schneiden. Magerquark und Magermilch glatt rühren, Zwiebelringe unterrühren, mit Salz und Pfeffer würzen.
- Fleisch abtupfen, zwischen Frischhaltefolie mit der Teigrolle flachdrücken, halbieren und in heißem Öl bei mittlerer Hitze von jeder Seite 2–3 Minuten goldgelb braten. Mit Salz und Pfeffer würzen. In Alufolie wickeln und warmstellen.
- Tomaten waschen, trockentupfen und in Scheiben schneiden. Zwei Scheiben Knusperbrot mit Mozzarella belegen und im vorgeheizten Backofen 2–3 Minuten backen.
- Die anderen beiden Scheiben mit Schnitzel, Tomate und Quark belegen. Das Knusperbrot mit Mozzarella daraufsetzen.

Gemüse-Chili-Topf mit Fleischwurst (200 kcal)

Für 2 Portionen

50 g TK-Brechbohnen, Salz
100 g rote Bohnen (Dose)
25 g Maiskörner (Dose)
1 kleine Chilischote
3 Stiele Thymian
50 g kalorienreduzierte Fränkische Fleischwurst
1 TL Olivenöl
1 TL TK-Zwiebeln
2 TL TK-Knoblauch
100 g stückige Tomaten (Packg. oder Dose)
Cayennepfeffer

- Brechbohnen nach Packungsanweisung in Salzwasser etwa 8 Minuten garen.
- Rote Bohnen und Maiskörner abtropfen lassen. Chilischote aufschlitzen, entkernen und fein schneiden. Thymianblättchen abzupfen. Die Brechbohnen abgießen.
- Fleischwurst längs halbieren und in Scheiben schneiden.
- Olivenöl erhitzen, Zwiebel- und Knoblauchwürfel darin glasig werden lassen. Tomatenwürfel, Fleischwurstscheiben, Thymianblättchen, Rote Bohnen und Maiskörner zufügen und etwa 5 Minuten köcheln lassen. Die grünen Bohnen unterheben, mit Salz und Cayennepfeffer abschmecken.

INFO
Achtung: Wenn Sie Chilischoten, die feurigen Verwandten der Gemüsepaprika, zubereitet haben, sollten Sie die Hände sofort gründlich waschen! Auf keinen Fall mit Schleimhäuten in Kontakt kommen. Die Schärfe ist aggressiv, sodass diese sofort anschwellen und unangenehm brennen.
Getrocknete Chilischote können Sie genauso verwenden. Sie sind auch unter der italienischen Bezeichnung (peperoncino) oder ihrem malaischen Namen (lombok) erhältlich.

Hot dog (300 kcal)

Für 1 Portion

1 Frankfurter Würstchen
1 Hot dog-Brötchen
1 EL Sandwich Cream
50 g Gurkensalat Schlesische Art (Glas)
1 TL Schnittlauch
½ TL Dijon-Senf
1 TL Röstzwiebeln

- Würstchen in heißem Wasser erwärmen.
- Brötchen halb einschneiden und mit Sandwich Cream bestreichen. Gurkensalat gut abtropfen lassen und in dem Brötchen verteilen.
- Mit Schnittlauch bestreuen und das heiße Würstchen darauflegen, mit Senf bestreichen und geröstete Zwiebeln darüber streuen. Das Brötchen leicht zusammendrücken.

Überbackene Tomate mit Mozzarella (300 kcal) (Foto)

Für 1 Portion

1 Strauchtomate (80 g)
30 g Mozzarella
1 kleine Lauchzwiebel
2 schwarze Oliven ohne Stein
1 TL Pinienkerne
2 TL TK-Basilikum
Salz
frisch gemahlener weißer Pfeffer
2 Scheiben Knusperbrot Roggen

- Backofen auf 200 °C (Umluft 180 °C, Gas Stufe 3 ½) vorheizen.
- Tomate waschen, vom Stängelansatz befreien und in Scheiben schneiden. Mozzarella würfeln. Lauchzwiebel waschen, trockentupfen und fein schneiden.
- Oliven und Pinienkerne fein hacken, Basilikum, Mozzarellawürfel und Lauchzwiebeln unterrühren. Alles mit Salz und Pfeffer würzen.
- Tomatenscheiben auf das Knusperbrot legen, Käse-Kräutermischung darauf verteilen. Im Backofen etwa 2–3 Minuten überbacken, bis der Käse zerläuft. Sofort anrichten.

Garnelen-Ananas-Spieße (200 kcal)

Für 2 Portionen

8 TK-Riesengarnelen (250 g)
40 g (4 EL) Teriyaki-Marinade
1 TL TK-Knoblauch, gewürfelt
1 TL TK-Zwiebeln, gewürfelt
1 TL abgeriebene Schale einer unbehandelten Zitrone
1 Prise Zucker
2 Scheiben Ananasfruchtfleisch
1 kleine Frühlingszwiebeln

- Garnelen schälen, den Schwanz dabei dranlassen. Garnelen am Rücken einschneiden, den dunklen Darm entfernen. Die Teriyaki-Marinade, Knoblauch, Zwiebeln, Zitronenschale und

Zucker mischen. Die Garnelen damit beträufeln. Ananasstücke in 8 gleichgroße Stücke schneiden.

- Frühlingszwiebel längs in feine Streifen schneiden und in eiskaltes Wasser legen.
- Die Garnelen aus der Marinade nehmen, Marinade beiseite stellen. Jeweils 1 Ananasstück in die Rundung der Garnelen setzen und auf Schaschlikspieße stecken.
- Garnelenspieße in eine feuerfeste Form legen und mit der Marinade bestreichen.
- Spieße unter dem vorgeheizten Grill etwa 7 Minuten grillen, zwischendurch wenden.
- Zum Servieren die Spieße mit der restlichen Marinade anrichten, mit den Frühlingszwiebeln garnieren.

INFO

Teriyaki-Marinade ist ein praktisches Produkt auf der Basis von Sojasauce. Die aus Essig, Zucker und Gewürzen bereitete Sauce eignet sich als Marinade, zum Bestreichen oder als Würzmittel bei gegrillten oder gebratenen Gerichten.

Süße Imbisse für den kleinen Hunger

Zwischenmahlzeiten – kalt und süß

Rucolasalat mit Knusperwellencroûtons

Für 2 Portionen

25 g Rucola, 1 kleine Tomate
1 TL Balsamico-Essig
1 EL Wasser
2 EL Gemüsebrühe (Instant)
1 TL Pflanzenöl
Salz
frisch gemahlener weißer Pfeffer
10 g Parmesan, ½ TL Pinienkerne
5 Knusperwellen Rosmarin
(z. B. von Leicht & Cross)

- Rucola abbrausen, trockenschwenken; Tomate waschen, Stängelansatz entfernen. Tomate in feine Scheiben schneiden, mit dem Rucola mischen.
- Essig, Wasser, Gemüsebrühe und Öl verrühren, mit Salz und Pfeffer würzen und mit dem Salat vermischen.
- Parmesankäse darüber reiben; Pinienkerne zufügen. Knusperwellen grob zerbrechen und darüber verteilen.

Knusperwellen mit Pfeffer-Gurken-Dip

Für 2 Portionen

50 g Frischkäse
50 g Magerjoghurt (0,3 % Fett)
1 kleine Salatgurke (100 g)
1 TL eingelegter grüner Pfeffer
1 Prise Salz
frisch gemahlener weißer Pfeffer
10 Knusperwellen
(z. B. von Leicht & Cross)

- Frischkäse und Joghurt verrühren. Salatgurke waschen, trockentupfen, schälen und fein würfeln.
- Grünen Pfeffer zerdrücken und mit den Gurkenwürfeln zum Frischkäse geben. Mit Salz und Pfeffer würzen.
- Den Dip zu den Knusperwellen essen.

Übrigens

Statt des grünen Pfeffers können Sie auch grob zerstoßene Schinus-Früchte verwenden. Sie sind auch als rosa Pfeffer bekannt, gehören aber botanisch nicht zu den Pfefferarten.

Ziegenkäse mit Feige

Für 1 Portion

1 kleine Feige
2 Salatblätter
1 Scheibe (25 g) Ziegenschnittkäse (z. B. Ziegengouda)
1 Scheibe Knusperbrot Weizen (z. B. von Leicht & Cross)
grob geschroteter Pfeffer

- Feige waschen, trockentupfen und in sehr dünne Scheiben schneiden. Die Stiele entfernen.
- Salatblätter waschen und trockentupfen.
- Die Brotscheibe mit Salatblättern, Feigenscheiben und Ziegenkäse belegen. Mit geschrotetem Pfeffer bestreuen.

Kiwi-Kaltschale

Für 2 Portionen

5 kleine Kiwis
150 ml Wasser
einige Tropfen Zitronensaft
1 TL Zucker
½ TL Speisestärke
frische Minze

Tipp
Melonen-Kaltschale kann auf die gleiche Art zubereitet werden. Verwenden Sie dafür eine halbe reife Honigmelone.

- Kiwis schälen, eine halbe Kiwi in dünne Scheiben schneiden. Den Rest mit der Gabel zerdrücken.
- 125 ml Wasser, Zitronensaft und Zucker aufkochen. Speisestärke mit dem restlichen Wasser verrühren, noch einmal kurz aufkochen und abkühlen lassen.
- Kiwipüree unter die erkaltete Flüssigkeit rühren. Mit den Kiwischeiben und Minzblättern anrichten.

Aprikosensalat

Für 1 Portion

4 reife Aprikosen
flüssiger Süßstoff
einige Tropfen Zitronensaft
3 Minzblättchen

- Aprikosen waschen, halbieren, den Stein entfernen. Aprikosenhälften in Spalten schneiden. Mit flüssigem Süßstoff und Zitronensaft beträufeln. Mit Minzblättchen garnieren.

Tipp
Statt Minzblättchen können Sie auch Zitronenmelisse verwenden.

Rhabarberkompott

Für 1 Portion

250 g Rhabarber
flüssiger Süßstoff
1 TL Mandelblättchen

- Rhabarber putzen und in Stücke schneiden. Zusammen mit 3 Esslöffeln Wasser und einigen Tropfen Süßstoff zugedeckt 5 Minuten dünsten. Abkühlen lassen.
- Mandelblättchen in einer Pfanne ohne Fett goldgelb rösten. Zum Anrichten auf dem Kompott verteilen.

Geräucherte Forelle auf Knäckebrot

Für 1 Portion

50 g geräuchertes Forellenfilet
1 Scheibe Knäcke (Mjölk)
1 Msp. geriebener Meerrettich (Glas)
1 Dillzweig

- Forellenfilet in Stücke teilen. Knäckebrot mit Meerrettich bestreichen, darauf die Forellenstücke setzen.
- Das belegte Knäckebrot mit Dill garnieren.

Himbeer-Sorbet

Für 1 Portion

100 g Himbeeren
2 EL Orangensaft
2 EL Süßstoff
1 EL Himbeergeist
1 Eiweiß (Kl. M)
1 Prise Salz

Tipp
Das Sorbet sieht besonders appetitlich aus, wenn Sie es mit frischen Früchten und Zitronenmelisseblättchen garnieren.

- Himbeeren abtupfen, pürieren und durch ein Sieb streichen.
- Püree, Orangensaft, Süßstoff und Himbeergeist verrühren, in eine flache Schale geben und im Gefriergerät 1 Stunde anfrieren lassen. Zwischendurch mit einer Gabel umrühren.
- Eiweiß mit Salz steifschlagen und unter die eiskalte Fruchtmasse rühren.
- Weitere 4 Stunden gefrieren lassen. Zum Servieren mit zwei Teelöffeln Nocken abstechen und auf einem Teller anrichten.

Erdbeer-Vanille-Molke-Drink (Foto)

Zutaten für 4 Drinks

250–300 g frische oder TK-Erdbeeren
1–2 EL Zucker
1–2 TL Vanillezucker
50 ml Süßmolke

Variante
Die Zugabe von Vanilleeis oder klein gehacktem Eis aus dem Eiswürfelbereiter verwandelt den Drink in eine kühle Sommererfrischung. Auch frische Minzblättchen, die mitpüriert werden, sorgen für zusätzliche Frische.

- Für die Dekoration vier schöne, gleich große Erdbeeren mit Kelchblättern beiseite legen. Die restlichen Erdbeeren waschen, entkelchen und die Früchte vierteln. Zucker, Vanillezucker und die Hälfte der Molke hinzufügen, mit dem Pürierstab auf höchster Stufe pürieren. Zum Schluss die restliche Molke unterrühren.
- Den fertigen Drink auf vier Gläser (0,2 l) verteilen und mit Erdbeeren garnieren. Hierfür werden die Erdbeeren mit einem Messer eingeschnitten und auf den Glasrand gesteckt.

Datteln mit Frischkäse

Für 2 Portionen

4 frische Datteln
75 g Frischkäse (5 % Fett)
einige Tropfen Süßstoff
etwas abgeriebene Schale einer unbehandelten Zitrone
2-3 Tropfen Zitronensaft
Minzblättchen

- Datteln abtupfen, zur Hälfte aufschneiden, Kerne entfernen.
- Frischkäse, Süßstoff, Zitronenschale und Zitronensaft verrühren. Die Masse in einen Spritzbeutel füllen und in die Datteln spritzen. Mit Minzblättchen garniert anrichten.

Frischkäse-Hütchen

Für 1 Portion

20 g Frischkäse mit Kräutern
30 g Magerquark
½ TL Dijon-Senf
Salz
frisch gemahlener weißer Pfeffer
1 kleine Tomate
100 g Gewürzgurke
1 TL Kapern
3 Pumpernickeltaler
3 Scheiben kalorienreduzierte Putensalami
2 Estragonblättchen

- Frischkäse und Magerquark verrühren, mit Senf, Salz und Pfeffer abschmecken.
- Tomate waschen, vierteln, entkernen und würfeln.
- Gewürzgurke fein würfeln, Kapern hacken. Mit den Tomatenwürfeln unter den Quark heben.
- Die Masse mit einem Teelöffel auf die Brotscheiben setzen. Wurstscheiben bis zur Mitte einschneiden, kleine Tütchen drehen und auf das Quarkhäufchen setzen. Mit Estragonblättchen garnieren.

Marinierte Feigen

Für 1 Portion

2 reife Feigen
½ TL Cognac oder Weinbrand
1 EL geschlagene Sahne

Übrigens
Alkohol ist nur in ganz geringen Mengen erlaubt und auf keinen Fall täglich!

- Feigen waschen, trockentupfen und in Achtel schneiden. Feigenstücke Cognac oder Weinbrand beträufeln. Zugedeckt marinieren, zwischendurch wenden.
- Zum Anrichten mit Schlagsahne garnieren.

Feige mit Grissini

Für 1 Portion

1 reife Feige
1 hauchdünne Scheibe Parmaschinken
1 Stange Grissini

- Die Feige waschen, trockentupfen und in Achtel schneiden. Schinken um die Grissini-Stange wickeln und zu den Feigenstücken essen.

Variante
Statt Feige können Sie auch ein anderes Obststück Ihrer Wahl zum Parmaschinken essen, z. B. einen Schnitz Melone oder eine halbe Birne.

Knusperschnitte mit Frischkäse

Für 1 Portion

30 g Champignons
1 EL TK-Petersilie, gehackt
1 kleine Paprikaschote
1 EL kalorienreduzierter Frischkäse mit Kräutern
Salz
frisch gemahlener weißer Pfeffer
1 Knusperscheibe Weizen (z. B. von Leicht & Cross)

- Champignons putzen, in Scheiben schneiden und ohne Fett in einer beschichteten Pfanne kurz dünsten. Die Petersilie unterheben.
- Paprikaschote putzen, waschen, vierteln, Kerne entfernen und die Paprikaschotenstücke in feine Streifen schneiden.
- Knusperscheibe mit dem Frischkäse bestreichen, die Pilzmischung und Paprikastreifen darauf verteilen.

Melone mit Parmaschinken

Für 1 Portion

½ Honigmelone

2 hauchdünne Scheiben Parmaschinken

- Honigmelone schälen von den Kernen befreien. Das Fruchtfleisch würfeln oder in dünne Spalten schneiden und mit den Schinkenscheiben zusammen anrichten.

Tiramisu mit Frischkäse (Foto Seite 118)

Für 3 Portionen

60 ml starker Espresso
2 Tropfen Bitter-Mandelaroma
100 g Löffelbiskuit
1 EL Kakaopulver
1 Ei (Kl. M)
25 g Zucker
125 g Frischkäse mit Buttermilch (z. B. von Du darfst)
1 Prise Salz

- Den Espresso mit Bitter-Mandelaroma verrühren. Die Löffelbiskuits mit der ungezuckerten Seite in den Espresso tauchen. Eine Lage Löffelbiskuits als Boden auslegen, mit etwas Kakaopulver bestäuben.
- Ei trennen. Eigelb, Zucker und Frischkäse cremig rühren. Das Eiweiß mit 1 Prise Salz sehr steif schlagen und unter die Creme heben. Die Hälfte der Creme auf die Löffelbiskuits geben, mit Kakao bestäuben. Eine zweite Schicht espressogetränkte Biscuits darauflegen.
- Die restliche Creme obendrauf geben und mit dem restlichen Kakao bestäuben. Mindestens eine Stunde in den Kühlschrank stellen.

Tipp

Tiramisu ist ein sehr beliebtes Dessert. Wenn Sie die Zutaten verdoppeln oder verdreifachen haben Sie ein Rezept für 6 oder 9 Portionen. Außerdem können Sie für Ihre Gäste die Hälfte der Flüssigkeit durch Amaretto ersetzen – das Mandelaroma dann weglassen.

Joghurt-Buttermilch-Kaltschale (100 kcal)

Für 2 Portionen

½ Päckchen Saucenpulver Vanillegeschmack
250 ml fettarme Milch (1,5 % Fett)
125 g Erdbeeren
1 TL Mandelblättchen
1 Becher (150 g) Magermilch-Joghurt (1,5 % Fett)
60 ml Buttermilch
35 g Fruchtaufstrich Aprikose (z. B. von Du darfst)
1 EL Zitronensaft

- Saucenpulver mit 3 Esslöffel Milch verrühren. Restliche Milch in einem Topf aufkochen und das angerührte Saucenpulver einquirlen, alles aufkochen und abkühlen lassen.
- Erdbeeren abbrausen, entkelchen und in Scheiben schneiden. Mandeln in einer Pfanne ohne Fett goldgelb rösten.
- Joghurt, Buttermilch, Fruchtaufstrich und abgekühlte Vanillesauce verrühren; mit Zitronensaft abschmecken. Die Masse in eine Schale füllen und mit Erdbeeren und Mandeln anrichten.

Pfirsichsalat

Für 1 Portion

1 reifer großer Pfirsich (130 g)
Saft von ½ Zitrone
6 Tropfen Süßstoff
2 Tropfen Bitter-Mandelaroma

- Pfirsich kreuzweise einritzen und für einige Sekunden in kochendes Wasser geben, herausnehmen, kalt abspülen, häuten, halbieren und entsteinen. Die Pfirsichhälften in Spalten schneiden.
- Zitronensaft, Süßstoff und das Bittermandel-Aroma über die Pfirsichspalten geben. Vorsichtig wenden und zugedeckt im Kühlschrank 15 Minuten durchziehen lassen.

Frucht-Joghurt mit Knusperflocken

Für 1 Portion

1 Becher Magermilch-Joghurtdessert (150 g)
1 TL Cornflakes

- Das gekühlte Joghurtdessert in einer Schale anrichten. Cornflakes darüber streuen.

Molke-Drink mit grünem Tee (Foto)

Für 4 Drinks

250 ml Grüner Tee
2-3 EL Traubenzucker (Pulver)
350 ml Sauermolke
Saft von 1 Zitrone

- Grünen Tee nach Belieben aus 2 Teelöffel Teeblättern oder zwei Teebeuteln kochen und kalt stellen.
- Traubenzucker mit einem Schneebesen in kaltem Tee auflösen. Sauermolke unterrühren und mit Zitronensaft würzen.

Tipp
Mit Eiswürfeln serviert (siehe Foto) ist der Drink besonders im Sommer eine tolle Erfrischung.

Himbeer-Molke-Drink

Für 1 Portion

150 g Himbeeren (frisch oder TK)
1 TL Honig
Mark von ½ Vanilleschote
150 ml Süßmolke

- Himbeeren abtupfen und mit Honig, Vanillemark und der Molke im Mixer pürieren.
- Den Drink in ein gekühltes Glas geben und anrichten.

Imbisse für Zwischendurch

42 Extras mit je 100 Kalorien …

Gemüse	500 g Tomaten 500 g Spargel	2 mittelgroße Kohlrabi (500 g) 400 g Sauerkraut
Obst	2 kleine Äpfel (200 g) 1 große Birne (200 g) 1 mittelgroße Banane (150 g) 2 kleine Orangen (250 g) 2 mittelgroße Grapefruits (500g)	2 mittelgroße Pfirsiche (250 g) 250 g frische Erdbeeren, Himbeeren oder Johannisbeeren 1 Scheibe (100 g) Ananas, ungesüßt 1 mittelgroße Orange und 1 Kiwi
Getränke (1 Glas = 200 ml)	1 Glas Apfelsaft 1 Glas Grapefruitsaft (Dose) 1 Glas Johannisbeersaft 1 Glas Orangensaft 1 Glas Limonade 1 Glas Cola	1 Glas Bier 150 ml Rotwein 150 ml Weißwein 1/8 l Kakaotrunk (mit Süßstoff) Campari-Orange: 5 cl Campari mit 0,1 l Orangensaft
Suppen	1/4 l (1 Tasse) Hühner- oder Fleischbrühe mit 1 Ei als Einlage 1 Tasse Tomatensuppe (Fertigprodukt), dazu 1 Kräcker 1 Tasse Nudelsuppe (Fertigprod.) 1 Tasse Blumenkohlsuppe (Instant)	1/4 l (1 Tasse) Hühner- oder Fleischbrühe mit 1 Ei als Einlage 1 Tasse Tomatensuppe (Fertigprodukt), dazu 1 Kräcker 1 Tasse Nudelsuppe (Instant) 1 Tasse Blumenkohlsuppe (Instant)
Pikantes	50 g gewürztes Tatar mit Kresse und Kapern, dazu 1 dünne Scheibe Knäcke 1 großer Langostino (100 g) mit 3 Tropfen Knoblauchöl 2 Würfel Schafskäse mit 2 Tomatenscheiben und 1 Olive	1 Feige mit 1 dünnen Scheibe Seranoschinken und 1 Grissini 1 Zwieback mit je 1 TL Butter und Sonnenblumenkerne

Imbisse für Zwischendurch

… und der Kaloriengehalt von Eis, Schokolade und Süßwaren

Joghurt

1 Becher Magermilch-Joghurt mit Süßstoff und 125 g Erdbeeren
1 Becher Magermilch-Joghurt mit Süßstoff und ½ Banane
1 Becher Magermilch-Joghurt mit Süßstoff und 1 kleinen Orange
1 Becher Magermilch-Joghurt mit Süßstoff und 1 EL Apfelmus
1 Becher Magermilch-Joghurt mit Süßstoff und 125 g Himbeeren

Eis

1 Kugel Fruchteis (30 g)	24 kcal
75 g Fruchteis	75 kcal
75 g Eiscreme	155 kcal
75 g Milcheis	95 kcal
50 g Softeis, Frucht	50 kcal
50 g Softeis, Milch	70 kcal

Schokolade, Pralinen und Süßwaren

1 Stück Schokolade (6 g)	30 kcal
1 Stück Marzipan (6 g)	30 kcal
1 Trüffel (7 g)	40 kcal
1 Riegel Kinderschokolade (13 g)	70 kcal
1 Stück Merci pur Crocant (6 g)	20 kcal
1 Ecke(8 g) Toblerone	44 kcal
1 Riegel Yogurette (13 g)	70 kcal
1 Stück Giotto (4,5 g)	30 kcal
1 Ferrero Küsschen (9 g)	55 kcal
1 Mon Cheri (11 g)	55 kcal
1 Raffaello Praline (10 g)	60 kcal
1 Rocher Praline(13 g)	70 kcal
1 Rumkugel (20 g)	80 kcal
1 Toffifee (8 g)	45 kcal
1 Weinbrandbohne, ohne Kruste (8 g)	30 kcal
1 Stück After Eight (8g)	35 kcal
1 Stück Rolo Toffee (5 g)	25 kcal
1 Amicelli (12,5 g)	65 kcal
1 Riegel Ballisto (20 g)	100 kcal
1 Riegel Bounty (28,5 g)	135 kcal
1 Chocco Crossie (4,5 g)	25 kcal
1 Riegel Duplo (18 g)	100 kcal
1 Mini Dickmann's (8 g)	35 kcal
1 Stück Fondant (15-20 g)	60 kcal
1 Fruchtgummi (10 g)	35 kcal
1 Stück Gummibärchen (2 g)	7 kcal
1 Stück Smarties (1 g)	5 kcal
1 Bonbon durchschnittlich (5 g)	120 kcal
Salmiakpastillen,10 g	30 kcal
1 Stück Hefegebäck mit Zuckerguss	140 kcal
1 Stück Pflaumenkuchen	170 kcal
1 Rosinenschnecke	170 kcal
1 Domonostein	40 kcal

Vier-Wochen-Speiseplan

Vier-Wochen-Speiseplan

Die folgende Rezeptauswahl wurde so zusammengestellt, dass der tägliche Speiseplan 1000 Kilokalorien umfasst. Sie können nach eigenem Geschmack Ihren Plan aufstellen.

Woche 1.

Montag

Frühstück (200 kcal)	Honey-Nut-Hörnchen (S. 25)
Mittags (400 kcal)	Putenschnitzel mit Aprikosensauce (S. 45)
Abends (200 kcal)	Scharfer Eier-Maissalat (S. 80)
Imbiss (je 100 kcal)	Apfelschnee (S. 72)
	Ziegenkäse mit Feige (S. 106)

Dienstag

Frühstück (200 kcal)	Rotes Beerenmüsli (S. 35)
Mittags (400 kcal)	Paprika-Wurst-Pfanne (S. 54)
Abends (200 kcal)	Tropische Frischkäsecreme (S. 64)
Imbiss (je 100 kcal)	Molke-Drink mit grünem Tee (S. 114)
	Rhabarberkompott (S. 107)

Mittwoch

Frühstück (200 kcal)	Ananas-Müsli (S. 43)
Mittags (300 kcal)	Birnen-Bohnen-Salat mit Schinken (S. 83)
Abends (300 kcal)	Crêpes mit Früchten (S. 72)
Imbiss (je 100 kcal)	Knusperschnitte mit Frischkäse (S. 111)
	Datteln mit Frischkäse (S. 109)

Donnerstag

Frühstück (200 kcal)	Kräuter-Knäcke (S. 29)
Mittags (400 kcal)	Minestrone mit Würstchen (S. 54)
Abends (200 kcal)	Rucola-Cremesuppe (S. 93)
Imbiss (je 100 kcal)	Orangengelee (S. 63)
	Marinierte Feigen (S. 110)

Freitag	Frühstück (200 kcal)	Möhren-Müsli (S. 36)
	Mittags (400 kcal)	Seelachs m. Radicchio-Orangen-Gem. (S. 58)
	Abends (200 kcal)	Knusperbruscetta mit Frischkäse (S. 87)
	Imbiss (je 100 kcal)	Pfirsichsalat (S. 113)
		Kiwi-Kaltschale (S. 106)
Samstag	Frühstück (200 kcal)	Fruchtiges Philadelphia-Hörnchen (S. 30)
	Mittags (400 kcal)	Kartoffelpuffer mit gedünsteten Birnen (S. 71)
	Abends (200 kcal)	Gemüse-Chili-Topf mit Fleischwurst (S. 100)
	Imbiss (je 100 kcal)	Erdbeerschaum (S. 75)
		Feige mit Grissini (S. 111)
Sonntag	Frühstück (200 kcal)	Brötchen mit Konfitüre und Nuss-Nougat-Aufstrich (S. 25)
	Mittags (400 kcal)	Mousse au chocolat (S. 65)
	Abends (200 kcal)	Geflügelspieße mit Minzsauce (S. 99)
	Imbiss (je 100 kcal)	Joghurt-Buttermilch-Kaltschale (S. 113)
		Frischkäsehütchen (S. 110)
2. Woche **Montag**	Frühstück (200 kcal)	Joghurt-Müsli (S. 37)
	Mittags (300 kcal)	Knusper-Schnitzel-Schnitte (S. 100)
	Abends (300 kcal)	Mischbrot mit Ei und Krabben (S. 79)
	Imbiss (je 100 kcal)	1 Tasse Tomatensuppe, dazu 1 Cräcker
		1 Fruchtjoghurt mit Knusperflocken (S. 114)
Dienstag	Frühstück (200 kcal)	Roastbeefbrot mit Preiselbeeren (S. 32)
	Mittags (400 kcal)	Löwenzahnsalat m. Brunnenkressesauce (S. 85), Schokoladengelee m. Schlagsahne (S. 74)
	Abends (200 kcal)	Crostinis mit Kerbel-Lebercreme (S. 82)
	Imbiss (je 100 kcal)	2 kleine Äpfel (200 g)
		2 mittelgroße Kohlrabi (500 g)

Mittwoch

Frühstück (200 kcal)	Himbeer-Müsli (S. 42)
Mittags (200 kcal)	Farmers Wraps (S. 79)
Abends (400 kcal)	Grießflammeri mit Beerensauce (S. 76)
Imbiss (je 100 kcal)	1 Glas Orangensaft (0,2 l) Rucolasalat mit Knusperwellencroûtons (S. 82)

Donnerstag

Frühstück (200 kcal)	Kerniges Käsebrot (S. 27)
Mittags (400 kcal)	Milchreis mit Pflaumen (S. 67)
Abends (200 kcal)	Knusperscheiben mit Gemüsesalsa (S. 82)
Imbiss (je 100 kcal)	1 große Birne (200 g) Joghurt-Buttermilch-Kaltschale (S. 113)

Freitag

Frühstück (200 kcal)	Cornflakes mit Aprikosenquark (S. 39)
Mittags (300 kcal)	Zwetschgenknödel (S. 70)
Abends (300 kcal)	Quarkschmarrn mit Rosinen (S. 66)
Imbiss (je 100 kcal)	1 Tasse (125 ml) Blumenkohlsuppe (S. 117) Himbeer-Molke-Drink (S. 109)

Samstag

Frühstück (200 kcal)	Knäckebrot mit Parmaschinken (S. 32)
Mittags (400 kcal)	Schokoladenreis mit Aprikosen (S. 62)
Abends (400 kcal)	Knusperwellen mit Frischkäse-Dipp (S. 87)
Imbiss (je 100 kcal)	250 g frische Erdbeeren oder 1 Orange und 1 Kiwi (S. 117)

Sonntag

Frühstück (200 kcal)	Fruchtiges Kiwi-Croissant (S. 29)
Mittags (400 kcal)	Entenbrust mit Mango und Cremesauce (S. 51)
Abends (200 kcal)	Sonntagswaffeln (S. 68)
Imbiss (je 100 kcal)	Himbeer-Sorbet (S. 108) Knusperwellen mit Pfeffer-Gurken-Dip (S. 105)

Woche 3.

Montag	Frühstück (200 kcal)	Knäckebrot »Morgenfrische« (S. 28)
	Mittags (400 kcal)	Gef. Hähnchenbrust mit Möhrensauce (S. 48)
	Abends (200 kcal)	Gefüllte Papaya mit Brunch-Nocken (S. 70)
	Imbiss (je 100 kcal)	Kiwi-Kaltschale (S. 106)
		Geräucherte Forelle auf Knäckebrot (S. 107)
Dienstag	Frühstück (200 kcal)	Müsli mit Papaya und Mango (S. 41)
	Mittags (300 kcal)	Rucola-Cremesuppe (S. 93)
		Marinierte Feigen (S. 110)
	Abends (300 kcal)	Ziegenkäse mit Melone (S. 80)
	Imbiss (je 100 kcal)	Erdbeer-Vanille-Molke-Drink (S. 108)
		Tiramisu mit Frischkäse (S. 112)
Mittwoch	Frühstück (200 kcal)	Trauben-Müsli (S. 35)
	Mittags (300 kcal)	Pudding Pfirsich Melba (S. 68)
	Abends (300 kcal)	Quarkauflauf mit Orangen und Kiwi (S. 66)
	Imbiss (je 100 kcal)	200 g Sauerkraut und 1 kleiner Apfel (S. 116)
		1 Orange und 1 Kiwi (S. 116)
Donnerstag	Frühstück (200 kcal)	Süßes Brötchen mit Obstsalat (S. 26)
	Mittags (300 kcal)	Schoko-Mousse-Nocken mit Orangensirup (S. 63)
	Abends (300 kcal)	Hot dog (S. 101)
	Imbiss (je 100 kcal)	2 mittelgroße Orangen u. Pfirsichsalat (S. 113)
Freitag	Frühstück (200 kcal)	Früchte-Müsli (S. 38)
	Mittags (400 kcal)	Orangen-Schellfischfilet auf roten Zwiebeln (S. 58)
	Abends (200 kcal)	Zabaione (S. 74)
	Imbiss (je 100 kcal)	¼ l Fleischbrühe mit Ei als Einlage (S. 117)

Woche 4.

Frühstück (200 kcal)	Gemüsetoast Italiano (S. 33)	**Samstag**
Mittags (400 kcal)	Crème caramel (S. 64)	
Abends (200 kcal)	Wurst-Fleisch-Spieß (S. 94)	
Imbiss (je 100 kcal)	1 Glas Grapefruitsaft (0,2 l) 1 Tasse (1/4 l) Nudelsuppe (Fertigprodukt)	
Frühstück (200 kcal)	Tatarbrot mit Kapern (S. 28)	**Sonntag**
Mittags (400 kcal)	Putengeschnetzeltes mit Äpfeln (S. 49)	
Abends (200 kcal)	Tropische Frischkäsecreme (S. 64)	
Imbiss (je 100 kcal)	Apfelschnee (S.72) 1 mittelgroße Banane oder 250 g Erdbeeren	
Frühstück (200 kcal)	Früchte-Müsli mit Dickmilch (S. 37)	**Montag**
Mittags (200 kcal)	Fleischwurst auf Ratatouille (S. 95)	
Abends (400 kcal)	Grießbrei mit Sommerfrüchten (S. 61)	
Imbiss (je 100 kcal)	Zitronencreme (S. 75) Datteln mit Frischkäse (S. 109)	
Frühstück (200 kcal)	Roggenbrot mit Quark und Sanddorn (S. 27)	**Dienstag**
Mittags (300 kcal)	Exotischer Früchtequark (S. 61)	
Abends (300 kcal)	Pfifferling- Salami-Toast (S. 94) und 1 Glas (150 ml) Weißwein	
Imbiss (je 100 kcal)	2 kl. Orangen, Molke-Drink mit gr. Tee (S. 114)	
Frühstück (200 kcal)	Früchte-Müsli (S. 38)	**Mittwoch**
Mittags (300 kcal)	Gemüsesuppe mit Mandelklößchen (S. 96) dazu 1 Orange und 1 Kiwi (S. 116)	
Abends (300 kcal)	Überbackene Tomate mit Mozzarella (S. 102)	
Imbiss (je 100 kcal)	Melone mit Parmaschinken (S. 112) Rhabarberkompott (S. 107)	

Donnerstag	Frühstück (200 kcal)	Früchte-Müsli (S. 38)
	Mittags (400 kcal)	Gemüsesuppe mit Mandelklößchen (S. 96)
	Abends (200 kcal)	Überbackene Tomate mit Mozzarella (S. 102)
	Imbiss (je 100 kcal)	Melone mit Parmaschinken (S. 112)
		Rhabarberkompott (S. 107)
Freitag	Frühstück (200 kcal)	Honey-Nut-Hörnchen (S. 25)
	Mittags (400 kcal)	Fisch alla Pizzaiola (S. 59)
	Abends (200 kcal)	Gefüllte Papaya mit Brunch-Nocken (S. 70)
	Imbiss (je 100 kcal)	Erdbeer-Vanille-Molke-Drink (S. 114)
		500 g Tomaten
Samstag	Frühstück (200 kcal)	Müsli mit Melone(S. 38)
	Mittags (300 kcal)	Beerenallerlei mit Zitronen-Joghurt-Sauce (S. 62)
	Abends (300 kcal)	Milchreis mit Erdbeeren (S.76)
	Imbiss (je 100 kcal)	Joghurt-Buttermilch-Kaltschale (S. 113)
		Feige mit Grissini (S. 111)
Sonntag	Frühstück (200 kcal)	Kerniges Käsebrot (S. 27)
	Mittags (400 kcal)	Lammkotelett mit Thymianbutter (S. 52)
	Abends (200 kcal)	Zabaione (S. 74)
	Imbiss (je 100 kcal)	Frucht-Joghurt mit Knusperflocken (S. 114)
		Geräucherte Forelle auf Knäckebrot (S. 107)

Rezeptregister

A

B

C

D

E

F

G

Die Autorin

Karin Iden, diplomierte Diätassistentin, war im Nestlé-Konzern für Verbraucherfragen zuständig und leitete danach das Kochstudio der Zeitschrift »Menü von A–Z«. Seit 20 Jahren arbeitet sie als freiberufliche Food-Journalistin und Autorin für Zeitschriften und Bücher. Sie lebt in Hamburg und ist Mitglied des Food Editors Club Deutschland (FECD).

Bibliografische Information der Deutschen Bibliothek

Die Deutsche Bibliothek verzeichnet diese Publikation in der Deutschen Nationalbibliografie; detaillierte bibliografische Daten sind im Internet über http://dnb.ddb.de abrufbar.

Wichtiger Hinweis

Die im Buch veröffentlichten Ratschläge wurden mit größter Sorgfalt von Verfassern und Verlag erarbeitet und geprüft. Eine Garantie kann jedoch nicht übernommen werden. Ebenso ist eine Haftung der Verfasser bzw. des Verlages und seiner Beauftragten für Personen-, Sach- oder Vermögensschäden ausgeschlossen.

Bildnachweis

Umschlagfoto: Food Centrale, Hamburg
Fotos: Brunch Seite 3; CMA Seiten 89, 109, 115; Du darfst Seiten 27, 44, 55, 78, 81, 91, 92, 118; Kalifornische Mandeln Seite 97; Kellogg's Seiten 39, 43; Köllnflockenwerke Seite 34; Leicht & Cross Seiten 103, 104; Mondamin Seiten 4, 60, 69, 77; Philadelphia Seiten 24, 31, 65; Rama Seite 50, Tropicana Seite 11.

Projektleitung: Kathrin Gritschneder
Redaktion: Gertje Sckopp-Witte
Herstellung und Satz: *Hannah Verlag
Umschlag: Daniela Meyer
Reproduktion: Kaltner Media, Bobingen
Druck und Bindung: Appl, Wemding
Printed in Germany

ISBN 3–426-66950-1

Gedruckt auf elementar chlorfrei gebleichtem Papier.